Barbara Ziegler-Denjean

Sprechend LEBT der Mensch den Geist

Sektion für Redende und Musizierende Künste
der Freien Hochschule für Geisteswissenschaft

Barbara Ziegler-Denjean

Sprechend LEBT der Mensch den Geist

Der Sprachimpuls Rudolf Steiners
und seine Bedeutung für die Geisteswissenschaft
und ein neues Christusverständnis

VERLAG AM GOETHEANUM

Der Verlag am Goetheanum im Internet:
www.goetheanum-verlag.ch

3., unveränderte Aufl. 2025

Bevollmächtigter in der EU im Sinne des Artikels 16 Absatz 1
der Verordnung zur allgemeinen Produktsicherheit GPSR:
ATHENA Verlag e.K., Mellinghofer Straße 126,
D-46047 Oberhausen, info@athena-verlag.de

Umschlag: Wolfram Schildt
Satz: ATHENA Verlagsdienstleistungen, Oberhausen
Druck und Bindung: Majuskel Medienproduktion, Wetzlar

ISBN (Print) 978-3-7235-1758-1
ISBN (E-Book) 978-3-7235-1761-1

Wir müssen den Sprachkünstler in uns auf allen Gebieten wiedererwecken.

Rudolf Steiner

Inhalt

Vorwort

Das 100. Jubiläum des Kurses für Sprachgestaltung und Dramatische Kunst kann als Anlass genommen werden, sich in neuer und umfassender Weise dem Sprachimpuls Rudolf Steiners zuzuwenden, der im gesamten Kontext der Anthroposophie eine Sonderstellung einnimmt. Um das zu verdeutlichen, wurden im vorliegenden Buch zwei wesentliche Aspekte herausgearbeitet. Zum einen soll auf die Besonderheiten der Sprache Rudolf Steiners aufmerksam gemacht werden, dessen umfassendes künstlerisches Sprachverständnis die geistigen Inhalte ihrem wahren Wesen nach vermitteln konnte. Zum anderen wird auf die große Bedeutung hingewiesen, die er der Sprachkunst für die Entwicklung und das Fortbestehen der Geisteswissenschaft gegeben hat. Beides ist eng miteinander verknüpft. Wenn das erkannt wird, können auch die oft mahnenden Worte des Geistesforschers zu dieser Thematik begriffen und in ihrer Konsequenz nachvollzogen werden. Der Sprachimpuls Rudolf Steiners erscheint dann als ein Zentralgedanke der Anthroposophie, der ein notwendiges Gegengewicht zur zunehmenden Materialisierung von Sprache und Gedanken bringen sollte.

Die entscheidenden Hinweise wurden keineswegs nur im Zusammenhang mit der Sprachgestaltung gegeben, sondern finden sich im gesamten Werk Rudolf Steiners. Sie führen zu einer zeitgemäßen christlichen Esoterik, die in den Mysterien des Wortes und deren Zusammenhang mit der Erschaffung des Menschen und seiner Entwicklung urständet. Dieses näher zu beleuchten, ist Anliegen des Buches und kann als Anregung genommen werden, die geforderte Entwicklung «eines künstlerisch wirkenden

Sprachsinnes» in den Fokus anthroposophischer Forschung und Entscheidungen zu nehmen. Denn der Stellenwert der Sprachkunst innerhalb der Gesellschaft und den verschiedenen Institutionen hat in den letzten Jahrzehnten kontinuierlich abgenommen, sodass sie inzwischen ein bedenkliches Nischendasein führt.

Ausgangspunkt für dieses Buch ist der Hinweis Rudolf Steiners, dass wir *auf allen Gebieten den Sprachkünstler in uns wiedererwecken müssen.* Es basiert auf einer jahrzehntelangen Arbeit an und mit der Sprachgestaltung und untersucht die zahlreichen Angaben zur Bedeutung der Sprachkunst in ihrer Relevanz für die Geisteswissenschaft. Kleine, aber doch wegweisende Beispiele aus dem Gesamtwerk sollen verdeutlichen, wie differenziert und detailliert Rudolf Steiner selbst durch Einsatz aller sprachkünstlerischen Elemente die spirituellen Gedanken so gestaltet hat, dass sie sich im ganzen Menschen als Poesie des Geistes offenbaren können. Daraus ergibt sich eine erweiterte zukünftige Lesart der anthroposophischen Texte, die nicht nur zu einem vertieften Erleben der spirituellen Inhalte, sondern auch zu neuen Gesichtspunkten und Erkenntnissen führen kann. Wer sich bemüht, die angeführten Beispiele nicht nur inhaltlich, sondern sprachkünstlerisch aufzunehmen und mitzugestalten, wird beginnen, sich dieser neuen Lesart anzunähern. Kapitel, in denen die von Rudolf Steiner eingesetzten sprachkünstlerischen Mittel in den jeweiligen Beispielen besonders zahlreich und komplex sind, wurden zum leichteren Verständnis unter der Rubrik «Auf einen Blick» zusammengefasst. Die für den Inhalt des Buches wesentlichen Zitate wurden wörtlich wiedergegeben, sodass sie im ursprünglichen Sprachduktus nachempfunden werden können.

I Die Sprachkunst Rudolf Steiners

Der Sprachkünstler in uns

Daher wird alle Gelehrsamkeit scheitern, wenn sie nicht nachschaffen will, was der Sprachkünstler im Menschen getan hat.[1]

Rudolf Steiner hat die Aufforderung, den Sprachkünstler in uns auf allen Gebieten wiederzuerwecken, bereits 1910, also vor den Anfängen der Sprachgestaltung, in einem Mitgliedervortrag ausgesprochen. Es kann also davon ausgegangen werden, dass diese Worte gleichermaßen Gültigkeit haben für Künstler, Pädagogen, Priester, Natur- und Geisteswissenschaftler und an jeden in anthroposophischen Zusammenhängen tätigen Menschen gerichtet sind.

Um welches Wesen aber handelt es sich, das als offenbares Geheimnis im Menschen auf seine Wiedererweckung wartet, und warum ist seine Wiederbelebung für uns und die Geisteswissenschaft von so großer Bedeutung? Die Antworten finden sich im selben Vortrag, in dem detailliert die Erschaffung des Menschen durch den Sprachgeist beschrieben wird. Dieser gestaltete, bevor der Mensch noch ein Bewusstsein von sich selbst hatte, als Sprachkünstler über die Luft wirkend, die menschlichen Hüllen und ließ so den zur Sprache befähigten Menschen als Kunstwerk entstehen. Erst als dieses fertig war, zog das Ich ein. Das Wesen, dem der Mensch seine Entstehung verdankt, erscheint bei Rudolf Steiner unter verschiedenen Namen, als Sprachgeist, Sprachkünstler, Wort und Logos.

Den Sprachkünstler in uns wiederzuerwecken, heißt, sich auf seinen wahren Ursprung zu besinnen und sich als Kunstwerk des Logos zu begreifen. Der Mensch erlebt sich dann als ein vom Wort für das Wort Erschaffener, der gemeinsam mit den schöpferischen Sprachkräften die Menschheitszukunft vorbereiten kann.

Der Logos hat die Entwicklung so gelenkt, dass zuletzt ein Wesen entstand, in dem er auch erscheinen konnte. Der Mensch ist dafür geschaffen, *ein Zeuge für den Logos* zu werden.[2]

Diese Zusammenhänge geben uns auch Aufschluss über die große Bedeutung, die Rudolf Steiner der Sprachkunst zumisst, die er über die Gelehrsamkeit und das rationale Denken stellt. In dem Vortrag «Die Geisteswissenschaft und die Sprache» beschreibt er, wie ein Künstler in der Menschheit wirkt, der die Sprache formt, was zu dem Resultat führt, dass die Sprache gar nicht anders verstanden werden kann, als dass man sie mit einem künstlerischen Sinn zu begreifen versucht, und er weist nachdrücklich darauf hin, dass alle Gelehrsamkeit scheitern wird, wenn sie nicht nachschaffen will, was der Sprachkünstler im Menschen getan hat.[3]

Das eigene Denken, Fühlen und Wollen aus freier Entscheidung mit den Kräften des Sprachkünstlers zu verbinden, ist eine wesentliche und ernst zu nehmende Aufgabenstellung. Denken wir die zahlreichen Hinweise Rudolf Steiners zu dieser Thematik konsequent zu Ende, dann ist es überhaupt nur unter sprachkünstlerischen Gesichtspunkten möglich, die physischen Gesetzmäßigkeiten und auch die Bereiche der Lebens- und Seelenkräfte in ihrem vollen Umfang zu erfahren. Gleiches kann nur vom Gleichen erkannt werden, und so erschließt sich uns die gesamte Schöpfung erst wirklich, wenn wir sie auf allen Gebieten mit sprachkünstlerischem Sinn nachschaffen und auch geistig-seelische Zusammenhänge unter dieser Prämisse erkennen lernen:

Künstlerischer Sinn begreift allein den Künstler, und Sprachkünstler allein begreifen das Schöpferisch-Geistige im Entstehen der Sprache. Das ist das eine, was die Geisteswissenschaft in Bezug auf die Sprache zu leisten hat.[4]

Will der Mensch wieder zu den schöpferischen Kräften und Wesenheiten des Universums vordringen, so muss er seine inneren Kräfte und Fähigkeiten für ein künstlerisches Sprachverständnis einsetzen. Ein neues und vertieftes erkennendes Erleben wird auf diese Weise eingeleitet, das im wahrsten Sinne des Wortes Licht in die Finsternis zu bringen vermag. Dieses erscheint angesichts der aktuellen Zeitenlage notwendiger denn je. Denn es ist der tiefere Sinn unseres Erdenlebens, *dass der Mensch im Innern die Finsternis überwindet, damit er das Licht des Logos erkennen kann.*[5]

Anders würden sich die mitmenschlichen Beziehungen, das Seelen- und Arbeits- und auch Geistesleben gestalten, wenn wir uns auf allen Gebieten als Kunstwerk des Logos empfinden würden, der in der Menschensprache erscheinen und auferstehen will, und wenn sich die leisen Töne der Kunst mehr Gehör hätten verschaffen können als die klaren Ansagen der Wissenschaft. Wie anders wäre dann auch die Verantwortlichkeit für die Gestaltung der eigenen Sprache, die für jegliche Form geisteswissenschaftlicher Betrachtungen nie genügen kann, solange sie nicht vom Ich durchdrungen und künstlerisch erfasst wird. Nur dann kann das schöpferische Wirken des Wortwesens bis in seinen Wahrheitsgehalt hinein erlebt werden, wenn wieder ein unmittelbarer Zusammenhang entsteht zwischen dem, was wir durch die Sprache ausdrücken wollen, und dem, wie wir es ausdrücken. Denn geisteswissenschaftliches Arbeiten ohne die Entwicklung eines künstlerisch wirkenden

Sprachsinnes ist nicht möglich.[6] Rudolf Steiner geht sogar so weit zu sagen, dass alles andere von Übel sei.

Die Frage liegt nahe, ob wir im obigen Sinn überhaupt schon fähig sind, seine Werke, die ganz im Sinne des Sprachgeistes entstanden sind, in der entsprechenden Weise aufzunehmen, zu lesen, zu bearbeiten und wiederzugeben. Gilt in den meisten Fällen nicht auch heute noch, was der Geistesforscher schon vor mehr als hundert Jahren angemahnt hat, dass ein jeder glaubt, wenn er nur überhaupt reden kann, alles ausdrücken zu dürfen, und die Menschen zufrieden sind, wenn sie in einer noch so beliebigen Form ausdrücken, was sie sagen wollen? Es mag uns zu denken geben, wenn Rudolf Steiner sagt, dass die Entwicklung in der Geisteswissenschaft immer verbunden sein wird mit dem, was wir Fortbildung des inneren Sinnes und der inneren Gestaltungskraft unserer Sprache nennen können.[7] So sollte durch anthroposophisches Erkennen und Handeln die Sprachkunst wieder als ein entscheidender Faktor menschheitlicher Entwicklung in das Geistesleben integriert und dementsprechend geübt und gepflegt werden. Wenn wir Rudolf Steiners Hinweise ernst nehmen, ist es nicht möglich, seine Werke zu erfassen und in sich wirken zu lassen, ohne dass der Sprachkünstler in uns sie wesenhaft mitzuerleben vermag. Es braucht demgemäß eine neue Lesart, die uns befähigt, als ganzer Mensch die spirituellen Inhalte nicht nur mitzudenken, sondern sie aus einem künstlerischen Sprachempfinden heraus tätig mitzuvollziehen. Das willentliche Nachgestalten geistiger Inhalte durch den Sprachorganismus wird so zur ersten Stufe einer Schulung, die einen Prozess geistig-seelischer Veränderungen einleitet.

Rudolf Steiner selbst hat darauf hingewiesen, dass seine Werke nicht bloße Gedanken wiedergeben, sondern ihnen ein sprachkünstlerischer Prozess zugrunde liegt. Er beschreibt, wie der wahre Geisteswissenschaftler als Künstler jeden Satz ausgestaltet, Gedanken in die richtige Form gegossen und Worte in einer dem spirituellen Inhalt entsprechenden Reihenfolge gebracht werden müssen. Tiefere Zusammenhänge können demnach gar nicht vollständig erfasst werden, wenn nicht die ihnen entsprechenden künstlerischen Prozesse berücksichtigt werden – auch dann nicht, wenn wir uns für die Inhalte noch so begeistern oder sie verstandesmäßig zu begreifen glauben:

> *Alle Gedanken, die heute vorhanden sind – auch diejenigen, die glauben, etwas Spirituelles zu erkennen, wenn sie nicht wirklich drinnenstehen im spirituellen Leben …, beziehen sich auf Materielles und sind lediglich Erzeugnisse des menschlichen Kopfes … Die Ursprünge von spirituellen Gedanken können niemals aus dem Kopfe kommen, sondern nur aus dem ganzen Menschen.*[8]

Da der Mensch als sprachliches Kunstwerk vom Wortwesen erschaffen wurde, wird in den sprachbildenden Prozessen die in ihn hineingestaltete Geistigkeit wieder freigesetzt und kommt im künstlerischen Sprechen zu einer lebendigen Offenbarung.

Es ist sehr wesentlich, dass es bei allen hier angeführten Hinweisen konkret um das vom Menschen gesprochene, gehörte, gelesene oder geschriebene Wort geht, und nicht um ein abstraktes, vom Menschen getrenntes Wortwesen: *Studiere das Menschengeheimnis in dem kleinen Worte, in dem Mikrologos, damit du reif wirst, in dir zu empfinden das Geheimnis des Makrologos …*[9] Indem wir uns der Sprache zuwenden und uns übend an ihr unendlich großes schöpferisches Potenzial herantasten, reifen wir wieder dem Weltenwort entgegen. Jeder kann sich aufgerufen fühlen, den Sinn für das künstlerische Sprachwesen in sich zu schulen und auf diese Weise die anthroposophischen Gedanken im ganzen Menschen aufleuchten zu lassen:

> *In der künstlerischen Gestaltung der Sprache kommt ja das gesunde Zusammenwirken und Sich-Harmonisieren von Leib, Seele und Geist zur Offenbarung. Der Leib zeigt, ob er sich den Geist in rechter Art einzugliedern vermag; die Seele offenbart, ob der Geist in ihr auf wahre Art lebt; und der Geist stellt sich in unmittelbarer physischer Wirkung anschaulich dar. Die an Sprachkursen teilnehmenden Persönlichkeiten erleben so die Offenbarung der Anthroposophie an der Betätigung des Menschen ganz unmittelbar. Es darf als eine Erprobung der Anthroposophie angesehen werden, dass sie in der Lage ist, die Sprachkunst in ihrer vollen Bedeutung wieder aufleben zu lassen, die doch durch den Materialismus in der Weltanschauung in eine hilflose Lage gebracht worden ist.*[10]

Nicht oft genug können wir uns diese Worte vor die Seele stellen, in denen Rudolf Steiner Verständnis und Pflege der Sprachkunst zum Prüfstein der anthroposophischen Bewegung macht.

Im Sinne der hier angeführten Zitate sind weder der Sprachkünstler noch die Sprachkunst beschränkt auf das Erarbeiten und Darstellen dichterischer Werke. So führt auch der Übungsweg der Sprachgestaltung weit über ein sprachkünstlerisches Anliegen im üblichen Sinne hinaus und kann sowohl in pädagogischen und therapeutischen Zusammenhängen als auch im Rahmen eines anthroposophischen Schulungsweges segensreich wirken. Er ist, wie auch die Angaben zur Laut-Eurythmie, ein Leitfaden, der den Sprachkünstler im Menschen wiederzuerwecken vermag, und regt dadurch sowohl heilsame als auch das Bewusstsein erweiternde Prozesse an. Über den Sprachorganismus kann sich so der Geist mit Leib und Seele verbinden und ganz anders wirksam werden, als wenn er nur gedanklich erfasst wird.

Es gilt mitzuerleben, welche plastischen und musikalischen Kräfte in der Wortwerdung tätig sind, wie die Schöpfung sprachlich nachgeschaffen wird und wie die an den verschiedenen Sprechzonen entstehenden Lautbildungen das Denken, Fühlen und Wollen anregen und die Tätigkeit der Wesensglieder aufzeigen und unterstützen. Jenseits des gewöhnlichen Gedankenlebens entsteht so im Nachvollziehen der sprachkünstlerischen Mittel (Laut, Silbe, Rhythmus, Klang, Dynamik, Bild und Geste) auf neuer Ebene ein verstehendes Erleben spiritueller Inhalte. Der ganze Mensch vermag dann zu erleben, wie er, das Wort gestaltend, von diesem gestaltet wird. Er «durchschmeckt» die Inhalte und nimmt selbst tätigen Anteil an ihnen.

Als Künstler im Sprachprozess anwesend zu sein, ist ein für den heutigen Menschen schmerzhaftes Opfern der intellektuellen Gedanken und Reflexionen. Rudolf Steiner spricht in einem anderen Zusammenhang über die Notwendigkeit des *immerwährenden Opfers, welche unsere äußere Intellektualität an das tiefere, religiöse Leben zu bringen hat,* damit die Seelen nicht verdorren.[11]

Eine konzentrierte Verstandestätigkeit beim Erfassen spiritueller Inhalte führt in die Enge der an sich toten Begrifflichkeit, während der Mensch im sprachkünstlerischen Nachgestalten der Wortschöpfung bis in seinen Ätherorganismus hinein zu einer neuen Qualität des Hörens und Verstehens finden kann. Das Wirken geistiger Wesenheiten ist heute – im Sinne der Freiheit – abhängig vom erkennenden und wollenden Ich. Nur dieses vermag den Sprachkünstler, der selbstverständlich immer in uns anwesend ist, wiederzubeleben, damit er gemeinsam mit dem Menschen seine volle schöpferische Tätigkeit entfalten kann. Die Welt sprachkünstlerisch zu betrachten, führt zugleich zum seelischen Erwachen. Sich die Werke Rudolf Steiners in diesem Sinne zu erarbeiten, sie als Komposition, als Kunstwerk des Geistes und Architektur des Ichs zu begreifen, erscheint als eine wesentliche Aufgabe des Geistesschülers. Stück für Stück übt sich so das Ich in eine aktive Präsenz hinein, welche die Seele umfassend mit den spirituellen Inhalten zu verbinden vermag. Der Sprachkünstler in uns wird zum Leben erweckt, spricht, hört und liest mit. Die Gedanken werden zu erlebten und bis in die eigene Leiblichkeit hinein gestaltenden Offenbarungen.

Wie Rudolf Steiner das Wesen des Sprachkünstlers entwickelt

Da wird das Wort so gehandhabt, dass man eigentlich jedes Wort, jeden Satz als etwas Ungenügendes empfindet und den Drang hat, dasjenige, was man hinstellen will vor die Menschheit, von den verschiedensten Seiten her zu charakterisieren.[12]

Es ist erstaunlich, wie behutsam sich Rudolf Steiner in seinen Schilderungen der Wesenheit des Sprachkünstlers nähert. Ganz im Sinne seiner Hinweise, dass wir mit den Worten nicht definieren, sondern charakterisieren und die spirituellen Zusammenhänge von allen Seiten beleuchten sollen, umschreibt er mit zahlreichen unterschiedlichen Begriffen diese bedeutende Geistigkeit.

Soweit mir bekannt ist, taucht das Wort «Sprachkünstler», im Zusammenhang mit einer geistigen Wesenheit, zum ersten Mal 1910 in dem Vortrag «Die Geisteswissenschaft und die Sprache» auf, der bereits im vorigen Kapitel angeführt wurde. Da wir hier ein beeindruckendes Beispiel für Rudolf Steiners sprachliche Vorgehensweise haben und es nicht einfach ist, die unterschiedlichen Beschreibungen zu einem Wesen zusammenzuführen, wollen wir uns diese in der entsprechenden Reihenfolge vergegenwärtigen. Zudem ergibt sich daraus eine einzigartige und detaillierte Darstellung der menschlichen Genesis durch das Wortwesen.

Rudolf Steiner beginnt seine Ausführungen mit der Schilderung, dass **geistige Wesenheiten oder geistige Tätigkeiten** (er fügt hinzu, dass es darauf nicht ankomme) an unserem physischen Leib, Ätherleib und Astralleib gearbeitet haben, bevor das Ich sich geltend machte ... Das wird übergeführt in ein **geistiges Schaffen** oder **geistige Betätigungen** im Menschen, die wir in uns tragen.

Diese geistige Tätigkeit wird anschließend **Gruppen- oder Gattungsseele des Menschen** genannt, die als **Vorgängerin des Ichs**, von **ihrem Inneren, Seelenhaften heraus**, an den drei menschlichen Wesensgliedern gestaltet hat. Die letzten Einflüsse vor der Geburt des Ichs sind in dem niedergelegt, was wir die menschliche Sprache nennen. Das, so heißt es, ist das Ergebnis einer **Seelenarbeit**. Wenige Abschnitte später erfahren wir, dass die vor dem Ich an uns arbeitenden Wesenheiten die Luft zur Wirkung brachten und so die menschliche Gestalt entstehen ließen: Was uns als Luft umgibt, ist nicht nur der Stoff, den uns die Chemie zeigt, sondern darinnen wirken geistige Wesenheiten und geistige Tätigkeiten.[13]

Erstmals werden nun die verschiedenen geistigen und seelischen Tätigkeiten und Wesenheiten in einem Namen zusammengefasst. Denn die Luft ist von einer Wesenheit durchwirkt und durchlebt, die als **Geist der Luft** die menschlichen Hüllen als weitere Ausführungen der Sprachorgane aufgebaut hat: Unser Sprachorganismus entspricht dem, was wir die geistige Wesenheit der Luft nennen. Hier urständet auch unser Sprachvermögen. Wir sprechen, indem wir durch das Ich die Sprachorgane wiederum in Bewegung setzen, und müssen dann abwarten, bis uns der Geist der Luft als Echo unserer Tätigkeit den Ton entgegentönt, sodass das Wort erklingt. Nur wenig später heißt es im Text: Nennen wir jetzt diese durch die Luft wirkende Wesenheit den **Sprachgeist**.

Dieser erscheint als **Künstler, der als Sprachgeist gewirkt** und den sprechenden Menschen als künstlerisches Werk gestaltet hat. Bedeutsam ist der Hinweis, dass dieser Künstler in der Menschheit wirkt und die Sprache formt. Da hier das Präsens benutzt wird, ist dieser also noch immer in unserem Sprechen tätig anwesend. Erst am Ende des Vortrages werden alle bisher beschriebenen Wesenheiten und Tätigkeiten im Begriff **Sprachkünstler** zusammengefasst, und es kommt zu dem Hinweis, dass dieser auf allen Gebieten in uns wiedererweckt werden müsse.[14]

Die in Teil III des Buches geschilderten Zusammenhänge zwischen Mikrologos und Makrologos, welche in gleicher Weise die Entstehung und Wortbegabung des Menschen miteinander verbinden, geben den oben genannten Aspekten eine zusätzliche Dimension.

Dichter oder Denker?

Wie viele Menschen haben einen Begriff davon, was auf geisteswissenschaftlichem Gebiet unbedingt notwendig ist, dass sprachkünstlerischer Sinn für eine jegliche Darstellung nötig wäre![15]

Die Sprache Rudolf Steiners ist für Menschen, die sich nicht mit seinem Sprachstil vertraut gemacht haben, zumindest ungewöhnlich. Liest man seine Texte in gewohnter Weise, etwa im schnellen Überfliegen der Sätze oder im assoziativen Ergänzen, so wird man bald bemerken, dass sich die wirklichen Zusammenhänge nur schwer oder gar nicht erschließen. Es wird als anstrengend empfunden, den komplizierten Satzbau bewusst nachzugestalten oder die vielen, womöglich als unnötig empfundenen Wiederholungen («... wieder die Wesensglieder ...») zu ertragen. Es ist von einem altmodischen Stil und von einer umständlichen und dadurch unverständlichen Sprache die Rede. Ist das so? Tatsächlich gab es Menschen, die der Meinung waren, man könne die Texte von Rudolf Steiner so bearbeiten, dass sie durch einen gängigeren, «zeitgemäßen» Sprachmodus leichter verständlich und somit für mehr Menschen zugänglich wären. Glücklicherweise haben sich solche Intentionen nicht durchgesetzt.

Abgesehen davon, dass es generell nicht möglich ist, philosophische Werke einfach so nebenbei zu konsumieren, da in jeder anspruchsvolleren Abhandlung der Wille zu verstehen eingesetzt und das eigenständige Denken und Hinterfragen eingebracht werden müssen, kann gerade unter den oben erwähnten Prämissen jegliche Neuformulierung von Steiners Werken nur als absurd eingestuft werden. Denn wie er selbst sagt, hat er an jedem Satz so gearbeitet, dass er bis ins Detail hinein künstlerisch ausgestaltet wurde: *Da werden*

Sie finden, dass ein jeder solcher Satz eine Geburt ist, weil er innerlich, seelisch nicht bloß als Gedanke, sondern als unmittelbare Form erlebt werden soll.[16] Ein Übersetzen der Werke in einen einfacheren Sprachstil wäre dementsprechend nichts anderes, als die bis in künstlerische Sprachformen hinein gestalteten geisteswissenschaftlichen Inhalte erneut auf den bloßen Gedanken zu reduzieren. Dieses widerspricht deutlich dem Anliegen Steiners, die Gedanken wiederum in die schöpferische Sphäre des Wortes zurückzuführen bzw. sogar in diesem urständen zu lassen.

Es ist nicht abzustreiten, dass das Lesen von Rudolf Steiners Texten einer gewissen Anstrengung im Überwinden der gewohnten Sprach- und Gedankenmuster bedarf. Dafür braucht es einen verstärkten Willenseinsatz, durch den die Ich-Kräfte aktiviert und eine Veränderung im Menschen angeregt werden. So ist bereits das Lesen von Steiners Schriften und Vorträgen ein erster Schritt in der geisteswissenschaftlichen Schulung. Von uns oft unbemerkt, führt bereits das Studium der Anthroposophie zu einem Erleben der übersinnlichen Welten.[17]

Deutlich geht es bei den Texten (und das gilt für das gesamte Werk) nicht um die gedanklichen Inhalte oder um eine Anhäufung von esoterischem Wissen, sondern um eine sich im ganzen Menschen ausdrückende sprachliche Offenbarung der Anthroposophie, die nur mit künstlerischem Sinn begriffen und auch dargestellt werden kann: *Das ist das eine, was die Geisteswissenschaft in Bezug auf die Sprache zu leisten hat.*[18] Es ist bedauerlich, dass die so deutlichen und zahlreichen Hinweise auf die Zusammenhänge zwischen der Sprachkunst und der Geisteswissenschaft bisher zumeist übergangen wurden und vieles in der Anthroposophie rein gedanklich aufgenommen und in der Gedankensphäre weiterentwickelt wurde. Es sei hier noch einmal erwähnt: Die Ursprünge spirituellen Denkens können niemals aus dem Kopf kommen, sondern nur aus dem ganzen Menschen.[19] Und da diesem die Arbeit des Sprachgeistes zugrunde liegt, kann nur der Teil von uns die Geisteswissenschaft in vollem Umfang erfassen, der gelernt hat, sie «mit sprachkünstlerischer Gesinnung» zu lesen und zu verinnerlichen.

Übt man sich darin, die Texte in solcher Art aufzunehmen, wird deutlich, dass Rudolf Steiner mehr Dichter als Denker war, indem er geistige Realitäten zu künstlerischen Wort- und Satzformen verdichtet hat. Das mag ungewöhnlich erscheinen, da wir – ganz besonders, wenn es um Prosa geht – gewohnheitsmäßig immer wieder im Gedanken stecken bleiben. Vergeblich suchen wir in seinen Werken die uns bekannte Art von Sprachkunst, wie wir sie von anderen Dichtern kennen. Ist der sprachkünstlerische Sinn in uns nicht geweckt und bereit mitzulesen, dann bleiben womöglich auch seine Spruchdichtungen nur blasse, komplexe Gedankengebäude. In seinen Texten leuchtet jedoch noch eine völlig neue Dimension auf: Die Vielfalt der angewandten sprachkünstlerischen Elemente entspricht durchgehend den spirituellen Inhalten. Die Kunst ist nicht länger schöner Schein, sondern offenbart die wahren Zusammenhänge und wird so zum Tor für ein vertieftes Erleben und Erkennen der Inhalte.

Die Dichterseele Christian Morgensterns konnte das unmittelbar nachvollziehen:

Zur Schönheit führt Dein Werk:
Denn Schönheit strömt
Zuletzt durch alle Offenbarung ein,
die es uns gibt …[20]

Das ist die Poesie des Geistes, die Schönheit und Wahrheit miteinander zu verbinden vermag. Dabei bediente sich Rudolf Steiner aller Stilrichtungen der Sprachkunst: künstlerische Prosa, Märchen, Legendenhaftes, dramatische Dynamik, zauberhafte lyrische Sprachgewebe sowie der differenzierte Einsatz von plastischen und musikalischen Elementen. Zusätzlich können wir alle Mittel der Metrik und Poetik in seinen Texten wiederfinden: Lautmalerei, gezielt eingesetzte Rhythmen, Wortgebärden und selbst Alliterationen bilden für die geisteswissenschaftlichen Inhalte das ihnen entsprechende Gefäß und werden so Ausdruck einer spirituell relevanten Dichtung.

Es ist zu empfehlen, die geisteswissenschaftlichen Texte mit halblauter Stimme zu lesen, um so über den eigenen Sprachorganismus ein wirkliches Gefühl für die Schönheit und Wahrheit der sprachlichen Offenbarungen zu bekommen. Erst dann werden auch die Übereinstimmungen der Laute und sogar Sprechzonen mit den Inhalten spürbar. Auf diese Weise kann auch erlebt werden, welche große, vom Ich ausgehende Willensaktivität gebraucht wird, die spirituellen Inhalte künstlerisch nachzuschaffen. Ein zumindest anfängliches Bewusstsein von den sprachkünstlerischen Gesetzmäßigkeiten, so wie sie von Rudolf Steiner in seinen Sprachübungen entwickelt und in einen menschenkundlichen Zusammenhang gebracht worden sind, ist dafür notwendig und wegweisend.

Der Sprachorganismus als Ausdruck des ganzen Menschen

Ich habe darauf hingewiesen, wie die Sprache in sehr, sehr alten Zeiten etwas war, was der Mensch gewissermaßen als seine ursprünglichste Anlage aus sich heraus gestaltete und wie er mit Hilfe seiner Sprachwerkzeuge dadurch die in ihm lebenden, göttlich-geistigen Kräfte offenbaren konnte.[21]

Unter anthroposophischen Gesichtspunkten ist die Sprachkunst immer mit dem ganzen Menschen verbunden. In den verschiedenen Sprachkursen und Vorträgen zum Thema, aber auch verstreut über das Gesamtwerk Rudolf Steiners (besonders auch in den Angaben zum gesprochenen Wort in den Vorträgen zur Eurythmie), findet sich eine Fülle von Hinweisen, in deren Gesamtheit das Wesen einer umfassenden sprachlichen Menschenkunde erscheint. Detailliert bis in einzelne Laute und Sprechzonen hinein werden Sprache und Sprechen mit den Seelenkräften und Wesensgliedern bis in physiologische und organische Zusammenhänge hinein geschildert. So erscheint der Mensch zugleich als Geschöpf und Schöpfer. Denn die sprachkünstlerischen Gesetzmäßigkeiten, aus denen der menschliche Organismus gebildet wurde, sind dieselben wie die, deren wir uns in der Sprachkunst bedienen. Sie wirken im ganzen Menschen und auf den ganzen Menschen, sodass ein sprachkünstlerisches Erleben sich immer in der gesamten Organisation abspielt und sowohl als Empfindung wie auch als Tätigkeit erscheint. Werden also gedankliche Inhalte mit sprachkünstlerischem Sinn nachgestaltet, dann werden sie nicht nur gedanklich, sondern auch von Gefühl und Willen aufgenommen und durchdrungen.

Um die Texte und Dichtungen Rudolf Steiners solcherart

als Kunstwerk erfassen zu können, sollen die wesentlichen sprachkünstlerischen Elemente deshalb an dieser Stelle kurz in ihren von ihm beschriebenen menschenkundlichen Zusammenhängen skizziert werden.

Die Konsonanten werden an den verschiedenen Sprechzonen gebildet. Sie kommen aus der Sternensphäre und hängen mit den bewussten Seelenkräften zusammen.

Zungenwurzel/Gaumen:
Wollen. Ätherleib. Epik. Redeansatz für das Wirtschaftsleben. Wirkung und Erleben im unteren Rücken und Beinen.

Zungenspitze/Zähne:
Denken. Astralleib. Dramatik. Redeansatz für das Rechtsleben. Wirkung und Erleben im zentralen Nervensystem, Haupt und Rückenmarkskanal.

Lippen:
Fühlen. Ich. Lyrik. Redeansatz für das Geistesleben. Wirkung und Erleben im vorderen Bereich von Brust und Bauch.

Zusätzlich ergibt sich ein Zusammenhang zwischen den Konsonanten und den vier Elementen: Blaselaute (H, CH, S, Z, SCH, F, V, W) = Wärme. Luftlaut = R. Wellenlaut = L. Stoßlaute (NG, N, M/K, T, P/G, D, B) = Erde, differenziert in elastische, stoßende und tragende Stofflichkeit.

Die Vokale kommen aus der Planetensphäre und stehen in Verbindung mit den unbewussten Lebensprozessen. Sie sind außerdem eingeteilt in Blut- (A, O, U, AU) und Nervenvokale (E, I, EI) und haben dementsprechend auch in diesen ihren Wirkungsbereich. Die Stimme, welche in den Vokalen klingt, repräsentiert den befreiten (nicht mehr an die Physis gebundenen) Willen. In ihr drückt sich mikrokosmisch aus, was makrokosmisch Feuer ist und sie ist wesenhaft mit der Ich-Werdung des Menschen verbunden.[22]

Diese Zusammenhänge zeigen, wie bedeutsam es ist, die Texte Rudolf Steiners sprachkünstlerisch mitzuempfinden und nachzuschaffen, sodass sie sowohl als Abdruck wie auch als Ausdruck des schöpferischen Weltenwortes erlebt werden können. Zusätzlich erfahren wir, ob die Worte sich an das Denken, Fühlen oder Wollen der Menschen richten und ob die jeweiligen Darstellungen mehr den Nerven-Sinnes-Bereich oder die Lebenskräfte ansprechen sollten. Dass der eigentliche Sprechansatz für die Geisteswissenschaft den Lippen entspricht, wo das Ich-Gefühl beheimatet ist und somit jegliche Willensintentionen oder verstandesmäßige Dogmen vermieden werden, ist sehr bedeutsam: Geisteswissenschaftliche Inhalte müssen nach Rudolf Steiner in vollkommener Freiheit gesprochen und aufgenommen werden und vom Ich-Gefühl der Lippen durchdrungen sein.

Ebenso ist eine sprachliche Bildhaftigkeit, die im Grunde alle Inhalte bis in einzelne Worte hinein begleiten sollte, ein wesentliches Element, diese wieder aus dem reinen Kopfdenken herauszulösen. Noch eine Stufe tiefer greift der Sprachgestus, der von der Gebärde im Erleben räumlicher Gesetzmäßigkeiten nachgestaltet wird. Bildhaftigkeit und Sprachgebärde brauchen in besonderer Weise die Willensaktivität des Ichs, welches beim bloß gedanklichen Sprechen, Hören und Lesen passiv bleibt.

Es ist ersichtlich, dass Rudolf Steiner die Sprachkunst weit über die üblichen Gesetze von Metrik und Poetik hinausführt. Er verwurzelt sie tief im ganzen Menschen und verbindet diesen wieder mit seinem geistigen Ursprung. Beim Sprechen betätigen wir alle unsere Seelen- und Wesensglieder und können bis in den Leib hinein die «Weisheit vom Menschen», die das Wesen der Anthroposophia offenbart, als Realität erfahren.

Nehmen wir also die zahlreichen Angaben Rudolf Steiners als Hinweise für einen Übungs- und Erkenntnisweg, der für jeden Menschen fruchtbar und weiterführend sein kann, weil er alle Bereiche der Geisteswissenschaft umfasst: *So ist das erste, wohinein Philosophie der Freiheit kommen muss, das Sprechen, die Handhabung der Sprache …*[23]

Im Folgenden soll versucht werden, an einigen wenigen, aber maßgeblichen Beispielen aufzuzeigen, wie Rudolf Steiner mit sprachkünstlerischen Mitteln die spirituellen Inhalte durch die Schönheit seiner Sprache zu wahren geisteswissenschaftlichen Offenbarungen verdichtet, indem er die Gedanken wieder mit der Sphäre des schöpferischen Wortwesens verbindet.

Zu den Vorträgen: Die Kunst der freien Rede

Die Erhebung der gewöhnlichen Rede zum Kunstwerk ist eine Seltenheit … Es fehlt uns fast ganz das Gefühl für die Schönheit des Sprechens und noch mehr für charakteristisches Sprechen …[24]

Ursprünglich war Rudolf Steiner gegen eine Veröffentlichung seiner Vorträge. Er empfand zwischen dem gesprochenen und dem geschriebenen Wort einen großen Unterschied und sah in der Niederschrift der freien Rede die für ihn unbedingt notwendigen sprachkünstlerischen Gesetzmäßigkeiten nicht gewährleistet. Marie Steiner, von welcher der Impuls, die Nachschriften der Vorträge zu veranlassen, ausging, schildert seine Einwände in einem Rückblick: *Das gesprochene Wort wäre anders als das geschriebene,* pflegte er zu sagen.

> *Es eigne sich nicht zum Nachdruck, es richtet sich stark nach dem, was der Zuhörer dem Sprecher entgegenbringt, gibt Wiederholungen, Verstärkungen oder Verdeutlichung des schon Gesagten, je nach dem Verständnis, das es findet, – bringt Einfälle des Momentes, deren künstlerischer Ausdruck im Tonfall und in der Wortgebärde liegen. Ganz subtile Gedanken, besonders wenn sie okkulte Wahrheiten betreffen, werden in der Nachschrift leicht durch Weglassung eines Wortes, einer Nuance verschoben und von ihrer inneren Wahrheit abgebogen.*

Durch die Sprachkunst diese inneren Wahrheiten aufleuchten zu lassen, war ein ständiges und tiefes Anliegen Rudolf Steiners. Er fühlte sich verantwortlich für das Einprägen der spirituellen Inhalte in die entsprechenden Sprachformen. Wie groß das Bemühen war, in seiner Sprache Schönheit mit Wahrheit zu verbinden, können wir nur ahnen. Es sollte jedoch in uns immer gegenwärtig sein, wenn wir uns seinem Werk zuwenden:

> *Er litt unsäglich, wenn er sein gesprochenes Wort in den Nachschriften vor sich sah. Er schob sie weg und hat nur in ganz vereinzelten Fällen Korrekturen vorgenommen.*[25]

Auch wenn Rudolf Steiner den für ihn so wichtigen sprachkünstlerischen Kompositionsgesetzen während der Vorträge vielleicht nicht durchwegs gerecht werden konnte, zeugen auch diese von seinen außergewöhnlichen sprachkünstlerischen Fähigkeiten. Sie sind, wie auch die Schriften und

Spruchdichtungen, ganz aus dem Sprachgeist heraus entstanden und wurden diesem, unter Einsatz aller Kräfte, regelrecht abgerungen. Rudolf Steiner schildert, wie der Mensch sich dieser Wesenheit nähern kann, wenn er vom bloß begrifflichen Denken zum offenbarenden Schauen vordringt und so eine geistige Wirklichkeit der Gedanken erlebt. Dann müsse der Vortragende für das so Erschaute *einen Weg suchen, zu den Lippen, den Worten, und der Kampf mit der Sprache beginnt*, da sich Inhalt und Form erst einmal nicht entsprechen: der Redner

> *sucht alles Mögliche innerhalb des Sprachlichen zu verwenden, um ein Bild dessen zu gestalten, was er schaut. Von Lautanklängen zu Satzwendungen sucht er überall … Er kämpft einen harten inneren Kampf. Er muss sich sagen: die Sprache hat etwas Eigenwilliges … Will man das geistig Erschaute in die Sprache gießen, so stößt man eben nicht auf ein unbestimmtes wachsartiges Element, das man beliebig formen kann, sondern man stößt auf einen lebendigen Geist, auf den Geist der Sprache. Wenn man auf diese Art redlich kämpft, so kann der Kampf den besten, den schönsten Ausgang nehmen. Es kommt ein Augenblick, wo man fühlt: der Sprachgeist nimmt das Geschaute auf. Die Worte und Wendungen, auf die man kommt, nehmen selbst etwas Geistiges an; sie hören auf, zu bedeuten, was sie gewöhnlich bedeuten und schlüpfen in das Geschaute hinein. – Da tritt etwas ein wie ein lebendiger Verkehr mit dem Sprachgeiste. Es nimmt die Sprache einen persönlichen Charakter an; man setzt sich mit ihr auseinander wie mit einem anderen Menschen.*[26]

Im sogenannten Rednerkurs, aus dem einige wesentliche Aussagen hier angeführt werden sollen, findet sich eine

Reihe von Anweisungen zur Vorbereitung der öffentlichen Rede, deren Ziel es sei, nicht nur schön und richtig, sondern auch gut zu sprechen und die gesamte Rede wie einen Organismus zu empfinden, an dem alles im richtigen Verhältnis miteinander wäre und der Inhalt der Lautbilde-Tätigkeit entspräche. Erst wenn eine größere Anzahl von Menschen so zu reden vermag, würden Anthroposophie und Dreigliederung in der Öffentlichkeit auch in einzelnen Vorträgen richtig verstanden werden.

Auch hier wird darauf hingewiesen, dass eine Rede ganz aus der Sprachkunst empfunden und gestaltet werden soll und in keiner Weise der Inhalt, sondern das Wie des Sprechens im Vordergrund stehen muss. Fassen wir einige dieser Hinweise kurz zusammen:

Der Vortragende soll sich keine Stichworte, sondern ganze Sätze nach Punkten notieren. Wiederholungen und Redefiguren, wie z. B. die Frage, erleichtern das Zuhören. Der Schluss soll leise zum Anfang zurückführen. Was über das geistige Leben gesagt wird, muss eine Art lyrischen Charakter haben, für das Rechtsleben braucht es den dramatischen, für das Wirtschaftsleben einen erzählend-epischen Charakter mit der entsprechenden Berücksichtigung der Lautzonen. Besonders wesentlich: Beim Sprechen sollen die Sprachorgane und ihre Tätigkeit gefühlt werden, so deutlich, wie man einen Hammer fühlen würde, wenn man irgendetwas mit dem Hammer machen will. Es sollte ein Bewusstsein davon entstehen, wie Wort, Wortfolge, Wort- und Satzgestaltung mit dem ganzen Organismus zusammenhängen, damit aus dem Wie des Sprechens der ganze Mensch erfühlt werden kann.

Es müsse auch eine gewisse Wendigkeit erworben und dann versucht werden, Stimmung in das Sprechen der Laute hineinzubringen, sich hineinzulegen in die Lautgestaltung und das Runde oder Eckige mitzuempfinden. Außerdem soll so gesprochen werden, dass die Sprache den Atem reguliert. Der Redner soll nicht für sich selbst reden, sondern sich angewöhnen, um sich herum das Weben der Laute und Worte zu fühlen und aus der Sphäre des Hörens zu sprechen: Wer sich nicht innerlich hörend mit der Sprache beschäftigt, dem kommen nicht Bilder, dem kommen nicht Gedanken, der bleibt ungelenk im Denken, und der wird ein Abstraktling des Sprechens, wenn nicht gar ein Pedant. Tatsächlich soll die sprachkünstlerische Empfindung die Gedanken aus der Seele herauslocken, und nicht umgekehrt.

Rudolf Steiner gab den Teilnehmern einige der bekannten Sprachübungen zu der jeweils angesprochenen Thematik, mit denen sich die Redner wenigstens zweimal in der Woche vorbereiten sollten.

Es genüge aber nicht, ein Mal oder zehn Mal so etwas zu sagen (gemeint ist hier eine Sprachübung), sondern immer wieder. Denn wenn die Sprachorgane auch schon biegsam sind – sie können noch immer biegsamer werden.

Auch in diesen Ausführungen wird wiederholt betont, wie außerordentlich wichtig ein ganzheitliches sprachkünstlerisches Erleben sowohl für den Redner als auch für die Zuhörenden ist. Rudolf Steiner beendet den zweiten Teil des Kurses mit sehr deutlichen Worten:

> *Eines braucht man noch zum Reden außer all den Dingen, die ich schon erwähnt habe: Verantwortlichkeit. Das heißt: man soll fühlen, dass man kein Recht hat, all seine Sprach-Ungezogenheiten auskramen zu dürfen vor einem Publikum. Man soll fühlen lernen, dass man zum öffentlichen Auftreten Spracherziehung, ein Herausgehen aus sich selbst und*

ein Plastizieren in Bezug auf die Sprache nötig hat. Verantwortlichkeit gegenüber der Sprache. Es ist ja bequem, dabei stehenzubleiben: zu sprechen, wie man eben spricht, und zu verschlucken, wieviel man gewohnt ist, zu verschlucken, zu quetschen, und biegen und brechen und drücken und dehnen die Worte – wie es einem bequem ist. Aber man darf eben bei diesem Quetschen und Drücken und Dehnen und Ecken und Ähnlichem nicht stehenbleiben.

Mit der Aufforderung zum regelmäßigen sprachlichen Üben, wenn in anthroposophischen Zusammenhängen öffentlich gesprochen wird, legte Rudolf Steiner die Verantwortung für einen Umgang mit der Sprachkunst innerhalb der Geisteswissenschaft in die Hände der Geistesschüler:

Denn ob wir in der richtigen Weise etwas an die Menschen heranbringen, das hängt durchaus davon ab, wie wir in der Lage sind, uns zur Sprache selbst zu verhalten ... Und das ist mit die Aufgabe, die in einem gewissen Sinne zu lösen hat, wer über Anthroposophie oder Dreigliederung heute fruchtbar reden soll. Denn erst, wenn eine größere Anzahl von Menschen so zu reden vermag, werden Anthroposophie und Dreigliederung in der Öffentlichkeit auch in einzelnen Vorträgen richtig verstanden werden, während es nicht wenige sind, die nur ein Pseudoverständnis und Pseudobekenntnis entwickeln.[27]

Beim Vorbereiten eigener Beiträge, aber auch beim Lesen von Steiners Vorträgen gilt es also, aus der Sphäre der Sprachkunst heraus das gesprochene oder geschriebene Wort zu erfassen. Auch wenn er anfangs gegen die Nachschrift seiner Vorträge war, ist es offensichtlich, dass er diese bis in viele feine Nuancen hinein ebenfalls nach den obigen

Prinzipien gestaltet hat. Auch in ihnen ist die Poesie des Geistes immer wieder im vollen Umfang zu erfahren. Eine kurze Passage soll dieses unter verschiedenen sprachkünstlerischen Gesichtspunkten verdeutlichen:

> *Ist es doch so, dass man gegenüber dem menschlichen Erdenleben fühlen kann, wenn man tiefer empfindet: Ach, dieses menschliche Erdenleben, wie es verläuft, insofern der Mensch bewusst ist, lässt den Menschen eigentlich erscheinen wie eine Waise im Kosmos, wie ein verlassenes Kind des Kosmos, man könnte auch sagen, wie ein verirrter Wanderer im Kosmos. Weiß doch der Mensch in seinem alltäglichen Bewusstsein, in seinem Wachzustande nicht, wie das gekommen ist, was durch das Saturndasein, durch das Sonnen- und Mondendasein entstanden ist, was in ihm lebt, und weiß er auch nicht, was aus ihm wird in dem, was Jupiter-, Venus- und Vulkanzustand sein wird. Ohne seinen Ursprung, ohne seine Zukunft zu kennen, irrt der Mensch hin am Abgrund des Erdentales. Er mag manchmal sich fest fühlen durch sein Bewusstsein und auch sicher sein wegen seiner Zukunft, aber gegenständlich-sachlich sind weder Vergangenheit noch Zukunft von dem Erdenmenschen zu bemessen. Doch wird vor die menschliche Seele treten dasjenige, was Führer sein kann in eine sichere Lebensrichtung hinein, was sich ergibt, wenn die Menschen sich bekanntmachen werden mit dem, was ihnen gegeben wird als Richtlinie in den Gesetzen der Initiation, jener Initiation, die in alten Zeiten eine gewisse Erbschaft der Götter darstellte, die den Menschen mitgegeben wurde und als atavistisches Hellsehen auftrat, die aber, indem wir der Zukunft entgegenleben, immer mehr und mehr den Menschen ergreifen und das innere Seelenleben des Menschen formen muss.*[28]

Wird dieser Text mit halblauter Stimme gelesen, im Nachschmecken der Satzgestaltung, der Lautfolgen und Bilder, dann klingt er eher nach einer poetischen Erzählung als nach einem Vortrag mit Gedankeninhalt. Dieser verschwindet buchstäblich in das sprachliche Kunstwerk hinein und klingt als Stimmung lange in der Seele nach. Er wird erst einmal intuitiv erfasst. Der erste und der letzte Satz sind außergewöhnlich lang – schaut man genauer hin, dann sieht man, dass der ganze Abschnitt vorwiegend aus aneinandergereihten, aber sehr kurzen Nebensätzen besteht. Diese greifen oft das Gesagte auf, wenn auch jedes Mal in einer anderen Form oder mit einem anderen Bild: Wir sehen den Menschen verwaist im Kosmos, dann als verlassenes Kind und schließlich als verirrten Wanderer. Jedes Bild bringt eine andere Nuance und in der Aneinanderreihung der vielen Satzteile und Ergänzungen wandern wir mit. Drei Mal wiederholt Rudolf Steiner das Wort Kosmos: da gewinnt das Bild an Deutlichkeit, das prägt sich ein, während die Lautfolgen W und V das Irren und Suchen fühlbar machen: **W**ie eine **W**aise … **w**ie ein **v**erlassenes Kind … **w**ie ein **v**erirrter **W**anderer. Eine Frage lebt in dieser Lautgestaltung des ersten Satzes, gerade auch durch das eigentliche Fragewort «Wie», auch wenn es hier in anderer Bedeutung genutzt wird. Im zweiten Satz ist es das «Was», welches ebenfalls durch die zahlreichen Wiederholungen die Stimmung des Suchens und Tastens erlebbar macht.

Die Reihenfolge der ersten vier Worte am Anfang des Textes weckt auf. Ein anderer Vortragsredner hätte die Worte womöglich umgestellt und mit dem Wort «Es» angefangen oder diesen kurzen Auftakt ganz weggelassen und gleich mit der eigentlichen Aussage begonnen. Es ist hilfreich, da es uns für die sprachliche Gestaltung sensibilisiert, verschiedene Satzanfänge auszuprobieren und zu vergleichen, wie unterschiedlich sie zu uns sprechen: «Man kann gegenüber dem menschlichen Erdenleben fühlen, dass ...» «Es ist doch so, dass ...», oder, wie es Rudolf Steiner ausdrückt: «Ist es doch so, dass ...» Die letzte Variante setzt einen außergewöhnlich starken Akzent an den Anfang der Ausführungen, indem das Wort «Ist», wenn es in dieser Weise gesetzt wird, auch durch die Lautfolge I-S-T, die Aussage bekräftigend verstärkt. Diese Gewissheit wird noch durch die vielen F-Laute, die geistige Sicherheit vermitteln, verstärkt.

Auch der zweite Satz beginnt mit einer ungewöhnlichen Stellung der Worte. Hier ist die Gewichtung auf dem Wort: «Weiß doch der Mensch (nicht)...», die in einer gängigeren Phrasierung als «Der Mensch weiß nicht ...» erscheinen würde. Beide Satzanfänge werden noch verdeutlicht durch das inhaltlich nicht notwendige, bekräftigende Wort «doch». Aufzählungen und Wiederholungen prägen auch den zweiten Satz. Sie bilden abermals einen Weg des Fragens ab. Auch hier spiegelt sich das seelische Tasten in dem mehrfach genutzten Laut W.

Der dritte, kürzere Satz öffnet nun dadurch einen inneren Raum, dass Rudolf Steiner die Worte vermehrt vokalisch beginnen lässt: «**O**hne/ **U**rsprung/ **o**hne/ **i**rrt/ **A**bgrund/ **E**rdental ...» Durch das zweimalige Wort «ohne» wird eine gewisse Leere erzeugt. Die deutliche Reduzierung der stützenden Konsonanten verstärkt das seelische Erleben und lässt eine vage Stimmung der Haltlosigkeit vor dem A**bgrund d**es Er**dent**ales entstehen, der sich da, durch die harten Stoßlaute verdeutlicht, bedrohlich vor dem Menschen auftut. Dieser Prozess wird im folgenden Satz wieder gemäßigt: Das Erden-Ich sucht sich seine scheinbare Sicherheit, wird dabei aber vom Lippenlaut M am Anfang und Ende des

Satzes tröstend umhüllt. Diese Laut-Geste wird im letzten, wieder sehr langen Satz übernommen und prägt den gesamten Schluss: «… im**m**er **m**ehr und **m**ehr den **M**enschen … for**m**en **m**uss.» Durchzogen vom Licht der vielen I-Vokale (z. B. in den Worten «Richtlinie» oder «Initiation»), zeigen sich die Laute im letzten Satz, der inhaltlich Antworten auf die großen Menschheitsfragen gibt, ausgewogen.

In diesem nur kurz skizzierten Beispiel erzeugt Rudolf Steiner vor allem durch seine differenzierte und ungewöhnliche Satzgestaltung, wie auch durch die Sprachbilder und die dem Inhalt entsprechende Wahl der häufig alliterierenden Laute, ein Verstehen jenseits des Verstandesdenkens. Wird diese Passage als Kunstwerk erfasst und dementsprechend gelesen, ergibt sich eine Art geisteswissenschaftlicher Erzählkunst, die sich in vielen seiner Vorträge wiederfindet – mal in epischen, dann wieder in ganz poetisch zarten oder auch humorigen oder dramatischen Darstellungen. Ganze Vorträge habe er manchmal in Legendenform gehalten, berichtet Rudolf Steiner, und führt dieses weiter aus:

Ich versuchte einmal, das Wesen der Künste zu charakterisieren. Man kommt mit Begriffen nicht hinein in das Wesen der Künste, es bleibt alles äußerlich, was man abstrakt aufbaut. Da muss man, wenn man solches darstellen will, zum Bilde greifen.[29]

Gerade der Vortrag, in dem die Künste wesenhaft erscheinen und sich im Gespräch offenbaren, ist ein herausragendes Beispiel für die künstlerischen Gestaltungselemente in der freien Rede.[30] Denn soll das Wort wieder voll lebendig und produktiv werden, muss man, über Rhetorik, Logik und Pragmatismus hinaus, zur Ethik des Sprechens kommen. Mit diesen Worten fasst Rudolf Steiner den Entwicklungsweg der Redekunst zusammen.

Wie mühevoll es war, diesem gerecht zu werden, findet sich in den Erinnerungen von Marie Steiner:

> *Am intensivsten hat Rudolf Steiner als Redner gewirkt. Die Kunst des Vortrages schien ihm als natürliche Gabe geschenkt zu sein. Und doch betonte er, dass jeder Satz und jede Wendung erarbeitet sei; obgleich er über 5000 Vorträge gehalten hat, gestand er doch einmal, dass jeder Vortrag ihm ein Opfer sei, das er sich abringen müsse.*[31]

Dieses Opfer lässt sich nur würdigen, indem wir beginnen, uns die anthroposophischen Inhalte auch sprachkünstlerisch zu erarbeiten, sodass Seelisches verwandelt und Geistiges offenbar werden kann.

Die Wortschöpfungen

Aus den Worten, die ganz auf die Sinneswelt hin geprägt sind, können wir nimmermehr gewinnen, was Ausdruck für übersinnliche Tatsachen sein soll.[32]

Sphärenzielgedanken
Herzens-Lungenschlag
Seelentraumesschlaf
Stoffesstaubgeflimmer
Wasserwachstumskraft
Menschenflamme
Welten-Eisgefilde

Strebensfinsternisse
Welten-Keimesworte
Seelenblickeskraft
Geistessaaten
Sonnen-Geistes-Sieg

Was sind das für außergewöhnliche Worte, die von Rudolf Steiner in überraschender Weise zusammengefügt worden sind, und wie können wir sie von unserem gewöhnlichen Denken begreifen und welche Seelenhaltung oder Seelenfähigkeit braucht es, um ihnen gerecht zu werden? Die oft gewaltigen Wortschöpfungen, die sich durch die Aneinanderreihung verschiedener Substantive (oder substantivierter Verben) ergeben, gehören zu den Besonderheiten seiner Sprache. Wenn sie nicht einfach wegen ihrer Komplexität überlesen werden, mag man sich über sie verwundern oder sich an ihnen erfreuen. Allerdings sind sie in ihrer Einmaligkeit nur dann zu erfassen, wenn sie ihrer Gebärde nach willentlich nachgeschaffen werden, denn:

> *Das Übersinnliche aber spricht nicht in Worten. Worte sind unter allen Umständen Glieder einer Rede, Glieder eines Seelenvorganges, der sich der Logik fügt. Aber die geistige Welt spricht nicht in menschlichen Worten. Die geistige Welt geht bloß bis zu der Silbe …*[33]

Um die Sprache wieder von allem Abstrakten, Logischen, Pragmatischen oder einer abgestorbenen Begrifflichkeit zu befreien, muss sie wieder auf ihre künstlerischen Urelemente zurückgeführt werden: Laut, Silbe, Rhythmus, Klang, Dynamik, Bild und Gestus. Gerade Letzteres aktiviert wie nichts anderes den Ich-Willen und ist überhaupt die Voraussetzung, Sprache ganzheitlich zu erfassen und wieder mit und in ihr denken und erleben zu lernen. Es fällt vielleicht anfangs schwer, zuzugeben, dass uns diese Art innerlicher Willenstätigkeit fremd ist und wir sie sehr oft verschlafen. Es mag sich jeder Leser selbst die Frage stellen, ob er sich zum Beispiel bei einem einfachen Tischgebet wirklich der Erde, der Nahrung, der Sonne und dann wieder der Speise zuwendet oder ob er sich mit einer Art gewohnheitsmäßiger, allgemeiner Stimmung oder einer gefühlten Frömmigkeit und Dankbarkeit begnügt. Wer einmal erlebt hat, wie segensreich ein Klassenlehrer auf die Seelenentwicklung jedes einzelnen Schülers zu wirken vermag, wenn er sich bei den Morgensprüchen mit Sonne, Sternen, Tier, Pflanze und Stein wirklich verbindet und diese, sowohl als räumliches Bild als auch in zeitlichen Abläufen mit dem Ich nachschafft, der wird verstehen, wovon hier die Rede ist.

Sprache braucht unter allen Umständen Bild und Gebärde – beides wirkt (nicht nur auf das Kind) völlig anders als der bloße Gedankeninhalt. So ist vor allem die Ich-Präsenz beim Sprechen, Hören oder Lesen gefragt, wenn man die im wahrsten Sinne zauberhaften Wortschöpfungen Rudolf Steiners nachgestalten will.

Was sind denn «Welten-Keimes-Worte», wenn wir in ihnen nicht sowohl die Welten als auch den Keim und das Wortwesen erfassen? Was soll uns ein Wort wie «Stoffes-Staub-Geflimmer» vermitteln, wenn wir uns nicht erst der Materie zuwenden, diese dann porös werden lassen und die Staubpartikel danach aufglimmen lassen, also den Prozess tätig nachschaffend miterleben? Wie können wir uns konkret solchen Worten wie Menschenflamme oder Sonnen-Geistes-Sieg nähern? Mit dem Nachvollziehen der Wortgebärden erreichen wir die Seins-Ebene der Wortwesenheiten und es wird eine neue Art des Verstehens für diese besonderen Wortgestalten möglich.

Unser heutiges Sprechen zieht sich immer schneller und konsequenter in eine kurzgeschaltete Begrifflichkeit zusammen: *Was Wortorganismus ist, das ist fast schon Gedankenorganismus ... Die Sprache ist abstrakt geworden. Sie ist wie die dahinfließenden Gedanken selber.*[34] Wir sind dabei, die Sprache als Zeitkunst zu ignorieren, indem wir sie wie einen Akkord in räumlicher Abstraktion unmittelbar vom reflektierenden Verstand begrifflich abfangen. Ein kleines Beispiel mag das verdeutlichen. Auch wir benutzen zusammengesetzte Worte in unserer Alltagssprache. Aber obwohl sie sich aus zwei oder drei unterschiedlichen Worten zusammensetzen, sind sie bei uns schon längst aus der Sphäre von Bild, Geste und Prozess herausgefallen und zu einem einzigen neuen Begriff zusammengezogen worden, also unlebendiger und abstrakter geworden. Wer sieht und erlebt denn noch bei dem Wort Handtasche die dazugehörige Hand, wer den Regen bei Regenschirm oder den zur Gartenschere gehörigen Garten?

> *Wir sollen aber Leben in unsere Gedankenbilder bringen. Beim Wort ‹schöpfen› zum Beispiel sollen wir eine möglichst sinnlich-anschauliche Vorstellung haben, wie wenn man aus einem Gefäß in ein anderes schöpft. So inhaltvoll, möglichst bildlich sollen alle unsere Gedanken sein.*[35]

Rudolf Steiner regte an, bis in die einzelnen Lautgebärden hinein die Unterschiedlichkeit der Begriffe wahrzunehmen und die Empfindung dafür zu schulen:

Gehen: zwei E, man wandelt dahin, ohne dass man sich dabei anstrengt ... Wenn man ein AU im Wort hat, da ist die Teilnahme gesteigert. Beim Laufen kommt es auch zum Schnaufen.[36]

Tatsächlich haben wir es in der Sprache immer mit einer Abfolge künstlerischer Gestaltungsprozesse zu tun, die aus Lauten und Silben die Worte und Sätze gebären. Deshalb ist es wesentlich, diese Formen mitzufühlen und nachzugestalten. Sprache ist immer Tat: die Tätigkeit des Wortwesens an der menschlichen Genesis und daraus resultierend die Sprachfähigkeit des Menschen, der mit der Sprechmuskulatur und den die Sprache bildenden Organen die ganze Schöpfung nachzuschaffen vermag.

II Beispiele für eine neue Lesart

Erste Schritte

Es geht beim heutigen Menschen das Sprechen neben dem Denken einher. Dies Einseitige des Denkens, das ganz und gar nicht in dem Sprechen zum Ausdruck kommt, das müssen wir ins Auge fassen … [37]

Schauen wir auf die Fülle des Gesamtwerks Rudolf Steiners, seine Vorträge, Spruchdichtungen, Dramen und Schriften, so ist es selbstverständlich, dass nur anhand weniger Beispiele auf die Besonderheiten seiner Sprachkunst hingewiesen werden kann. Diese sollen eine Empfindung dafür wecken, wie differenziert die geisteswissenschaftlichen Inhalte nach sprachkünstlerischen Gesetzen komponiert worden sind und Anregungen geben für eine neue Lesart. Ist einmal das Gefühl für diese Zusammenhänge geweckt und übt sich das Ich immer aufs Neue darin, die Texte nicht nur gedanklich, sondern ganzheitlich, d. h. über den Sprachorganismus bis in den Leib hinein Gestalt werden zu lassen, dann wird sich bald ein vertieftes Erleben einstellen. Dabei kann erst einmal nach einem einfachen Schema vorgegangen werden.

Wählen wir eine kürzere Textstelle oder ein Wahrspruchwort und versuchen zuerst, uns jeden einzelnen Vorgang bildlich vor die Seele zu stellen. Achten wir darauf, dass diese Bilder nach und nach nicht mehr nebeneinander stehen bleiben, sondern in einen lebendigen Prozess der Entwicklung kommen.

In einem zweiten Schritt können die Worte in einfache Gebärden umgesetzt werden. Gerade bei den zum Teil komplexen Inhalten des Seelenkalenders ist dieses sehr eindrucksvoll. Was ist innen, was außen, was oben oder unten, wo geht etwas in die Erstarrung, wo entwickelt sich neues Leben, was leuchtet oder verdunkelt sich, inwieweit werden die Sinne oder das Herz, der Wille, Ruhe oder Bewegung angesprochen? Diese Zeichen des Sprachgestus sind Realitäten. Es lohnt sich, sie übungshalber einmal mit Armen, Blick oder Körperhaltung nachzugestalten. Indem er willentlich tätig ist, kann der Mensch seine Gedankentätigkeit wieder in das Gesamtwesen Sprache integrieren.

Anschließend können wir uns – im halblauten Sprechen – mit den von Steiner vorwiegend benutzten Lautansätzen, Sprechzonen oder bevorzugten Lautgruppen vertraut machen: Passt das Gesagte zu dem so entstehenden Lautgefühl oder erschließen sich sogar ganz neue Zusammenhänge? Ist es möglich, im Lautbilde-Prozess fühlend anwesend zu bleiben und so zu einem Erleben der Gedankeninhalte im Sprechvorgang selbst zu kommen? Nicht der reflektierende Verstand ist hier gefragt, sondern allein die Willens-Empfindungen innerhalb der sprachlichen Tätigkeit. Wir «entschulden» auf diese Weise die durch den Intellekt von den lebendigen, schöpferischen Sprachkräften separierten Gedanken:

> *Es geht beim heutigen Menschen das Sprechen neben dem Denken einher. Dies Einseitige des Denkens, das ganz und gar nicht in dem Sprechen zum Ausdruck kommt, das müssen wir ins Auge fassen; denn es ist etwas, das vom Sprechen schon abgezweigt ist. Das hätte mit dem Sprechen in einem viel innigeren Zusammenhang erscheinen müssen, wenn keine ahrimanisch-luziferischen Wirkungen in das Erdendasein eingegriffen hätten.*[38]

Gerade bei den Spruchdichtungen lohnt es sich, dem sprachlichen Erleben noch ein Empfinden für rhythmische Gesetzmäßigkeiten hinzuzufügen. Besteht die Dichtung nur aus freien Rhythmen oder taucht unvermittelt eine neue künstlerische Gesetzmäßigkeit auf, die ebenfalls mitempfunden werden will? Um zu verdeutlichen, wie gewaltig und beeindruckend die Sprachkunst Rudolf Steiners als Architektur des Ichs und Poesie des Geistes erkennbar wird, wenn der Sprachkünstler in uns wiedererweckt worden ist, wenden wir uns zuerst Beispielen aus seinen Spruchdichtungen zu.

Die Spruchdichtungen

Die Menschen würden sozusagen in dem Laut drinnenstehen, aber im Laut drinnen zu gleicher Zeit den Begriff, die Vorstellung erleben; beides nicht getrennt empfinden, sondern beides als eines empfinden.[39]

Beim Lesen der Wahrspruchworte und der anderen Spruchdichtungen Rudolf Steiners neigt das Verstandesdenken dazu, auch in diesen den Schwerpunkt auf die gedanklichen Zusammenhänge zu legen. Die Inhalte erscheinen oft kompliziert und mögen eher zum Nachdenken und Überlegen anregen, als eine lyrische oder gar poetische Stimmung im Betrachter zu erzeugen. Um zu einem vertieften Verständnis der Inhalte zu kommen, sollte man sich immer wieder bewusst machen, dass es sich bei dieser Dichtungsart nicht um Gedanken- oder Naturlyrik im herkömmlichen Sinne handelt, sondern hier geistige Inhalte in vom Sprachgeist inspirierte entsprechende Sprachformen eingearbeitet wurden. Diesem Vorgang liegt also kein persönlich-seelisches, sondern ein rein spirituelles Anliegen zugrunde. Die daraus entstehende Poesie kann somit als völlig neues Genre erfahren werden. Betrachten wir unter dieser Prämisse eine sehr eindrückliche und aufschlussreiche Dichtung:

Ecce homo
In dem Herzen webet Fühlen,
In dem Haupte leuchtet Denken,
In den Gliedern kraftet Wollen.
Webendes Leuchten,
Kraftendes Weben,
Leuchtendes Kraften:
Das ist der Mensch.[40]

Der Spruch besteht aus sieben Zeilen. Drei Zeilen schildern, jeweils voneinander getrennt, seelische Vorgänge in Verbindung mit den dazugehörigen physischen Systemen Herz, Haupt und Gliedmaßen. In den nächsten drei Zeilen wird das Getrennte verbunden, sodass die Interaktion der Prozesse in den Vordergrund tritt. Die letzte, siebte Zeile bildet eine erkennende Synthese. Lassen wir diesen Vorgang auf uns wirken:

Drei Zeilen charakterisieren die jeweiligen Tätigkeiten der drei Seelenkräfte.

Drei Zeilen schildern den Prozess einer zusammenführenden Verbindung.

Die letzte Zeile bildet die daraus resultierende Erkenntnis.

Setzen wir nun als Erstes den Spruch in deutliche Bilder und Gebärden um. Den daraus entstehenden, willentlich ausgeführten Bewegungen soll nachgespürt werden: Herz – Haupt – Gliedmaßen. Das Erleben kann hier sein: zweimal Singular, einmal Plural. Und: Mitte – oben – unten. Instinktiv empfindet der Sprachkünstler in uns bei der Vervielfachung auch einen Zuwachs an Stärke. Und dadurch, dass die Geste in der Mitte beginnt, dann nach oben und unten geführt wird, entstehen sowohl Weitung als auch ein Freiraum in der Herzregion.

Nehmen wir nun die Verben «weben», «leuchten», «kraften» und gestalten sie ganz konkret und als lebendige Tätigkeiten nach. Weben als eine verbindende Bewegung, die von einem Rahmen gehalten wird und Neues entstehen lässt. Leuchten als einen strahlenden Vorgang, der Dunkel auflichtet. Kraften wie eine Verdichtung, die wir tief im Innern erleben und im Bild von «gut durchblutet» nachschaffen können.

Wenden wir uns nun den Lauten und den Sprechzonen zu. Im H lässt sich bei Herz und Haupt ein bewegter Wärmeraum erspüren. Im G ein nach hinten unten wirkender Kraftraum. Der Lippenlaut W in «webet» aktiviert das Ich-Gefühl, was vom folgenden B und dann im F und Ü im Wort «Fühlen» aufgegriffen und differenziert wird. Mit dem Ich-Gefühl der Lippenlaute weben wir gewissermaßen die Herzprozesse nach.

In der zweiten Zeile bewegen wir uns lautlich in der Ebene der astralen Verstandestätigkeit. Wir beginnen mit der Zungenspitze und bilden im Bereich der Denk-Zone den Laut L von «leuchtet». In der gleichen Region werden die folgenden zwei T-Laute und das D von Denken gebildet, sodass ein Gefühl von Festigkeit und Sicherheit erzeugt wird, da es sich im Gegensatz zur ersten Zeile ausschließlich um Stoßlaute handelt. Hier können wir erleben, wie auch unter sprachkünstlerischen Gesetzmäßigkeiten die Vorgänge des Denkens konturierter sind als die des Fühlens. Vokalisch sind die beiden ersten Zeilen stark vom Nervenvokal E geprägt. Man denke hier an die besondere Verbindung von Herz und Haupt, das Herz-Denken, das sich aus warmen Gedanken und einem durchlichteten Fühlen zusammensetzt.

Durch die beiden kräftigen Stoßlaute G und K wird nun sprechend die Willensregion der Lebenskräfte ergriffen. Erstmals tauchen jetzt auch die Blutvokale A und O auf.

Deutlich zeigt sich hier jene Besonderheit, die immer wieder in der Dichtung Rudolf Steiners erlebt werden kann: Wir tun sprachlich das, was inhaltlich ausgeführt wird, aktivieren also die angesprochenen Regionen von Fühlen, Denken und Wollen, die dann in den folgenden drei Zeilen wie selbstverständlich, ebenfalls im Bereich der sprachlichen Gesetzmäßigkeiten, wieder miteinander verbunden werden.

Web**e**ndes **L**euch**t**en:
Lippenlaute verbinden sich mit Zungenlauten = Gefühl mit Denken.

Kraftendes **W**e**b**en:
Gaumenlaut verbindet sich mit Lippenlauten = Wollen mit Fühlen.

Leuch**t**e**nd**es **K**raften:
Zungenlaute verbunden mit Gaumenlaut = Denken mit Wollen.

Die Sprache verwirklicht, was inhaltlich gesagt wird: Inhalt und Form entsprechen sich. Dem jeweiligen Anfangslaut kommt dabei stets eine besondere Bedeutung zu, da er meistens das ganze Wort prägt.

In der letzten Zeile wird die Deutlichkeit der Aussage hervorgehoben und dann mit den Lippenlauten M und SCH wieder in das Ich-Gefühl (die Herzregion) zurückgeführt: **Das ist der Mensch.** Die Vokale regen die Seele an, sich zu öffnen (A) und aufzurichten (I), um dann, in sich gefestigt im E, zur Ruhe zu kommen.

Wenden wir uns nun dem Rhythmus zu, der in dieser Dichtung eine außergewöhnliche Rolle spielt. Auch hier haben wir eine deutliche Dreigliederung zwischen Zeile 1–3, 4–6 und der letzten Zeile. Der Anfang könnte in einen fallenden Trochäus gefasst sein (- .), was jedoch dem lebendigen Duktus der Verben widerspricht und eine gewisse Schwere entstehen lässt, die sich nur durch eine deutliche Zäsur in der Mitte der Zeile ausgleichen lässt. Möglich ist aber auch der Päon, der in diesem Fall durch die beiden Kürzen am Anfang eine beschwingende, fast treibende Qualität bekommt, die am Ende wieder abgefedert wird: . . – . (kurz kurz lang kurz).

In so einem Fall ist es hilfreich, auszuprobieren, wie unterschiedlich die Zeilen im jeweils möglichen Rhythmus klingen und ob sich Aussage und Intention verändert wahrnehmen lassen:

In dem Herzen webet Fühlen (Trochäus ohne Zäsur durchgesprochen)

In dem Herzen – webet Fühlen (Trochäus mit Zäsur in der Mitte)

In dem Herzen webet Fühlen (Päon, die Zäsur ergibt sich hier von selbst)

Der Päon ist der einzige Rhythmus, welcher drei Kürzen und eine Länge in beliebiger Reihenfolge anordnet. Er urständet in den vorchristlichen, apollinischen Sonnenmysterien. Durch den Einsatz dieses Rhythmus bekommt die getrennte Darstellung von Fühlen, Denken und Wollen zusätzlich die Elemente von Freiheit, aber auch von Beliebigkeit. Vereinzelung und Chaotisierung sind eine Thematik der heute immer mehr verselbstständigten und widersprüchlich agierenden Seelenkräfte.

Zu einem erstaunlichen und eindrücklichen Rhythmuswechsel kommt es nun in den nächsten Zeilen, in denen Verbindung und Ausgleich der Kräfte thematisiert werden. Hier greift Rudolf Steiner zu dem ebenfalls sehr seltenen Adonis-Rhythmus:* – . . – . (lang kurz kurz lang kurz).

Auch dieser Rhythmus entstammt den alten Mysterien und bringt eine völlig neue spirituelle Dimension in die Dichtung hinein, die sich uns ohne sprachkünstlerisches Erleben gar nicht erschließen würde. So schildert Rudolf Steiner, wie in Bethlehem vor der Geburt des Jesusknaben der Adoniskultus vollzogen wurde, in dem der sterbende und auferstehende Adonis gefeiert wurde:

* Rudolf Steiner greift auch in anderem Zusammenhang auf den Adonis-Rhythmus zurück, indem er das «Zauberwort» Abracadabra durch Umstellung der Laute dreifach modifiziert und als Sprachübung einsetzt, in welcher Laut für Laut der im Leib inkarnierte und sich bewegende Mensch entwickelt wird. Das Wort kommt aus dem arabischen Sprachraum und bedeutet im Aramäischen so etwas wie: ich schaffe (oder werde erschaffen), während ich spreche: Abra ka dabra.

Es gab einmal in geistigen Höhen ein Wesen, welches später auf die Erde kommen sollte als nathanischer Jesusknabe, das aber dazumal am Ende der atlantischen Zeit durchsetzt war von dem Christus. Was damals geschehen war für die Harmonisierung von Denken, Fühlen und Wollen, das feierte man im Adonisfest.[41]

Im klaren Silbenschritt einsilbiger Worte wird schließlich der Spruch mit der siebten Zeile spondäisch-willenshaft zusammengefasst und abgeschlossen.

Zu erleben, welchen Rhythmus Rudolf Steiner gewählt und wo er einen rhythmischen Wechsel vorgenommen hat, kann den Sprachkünstler in uns anregen, zwischen den Zeilen zu lesen, das heißt: das Gesagte immer mehr zu beleuchten durch die Frage, wie und mit welchen sprachkünstlerischen Mitteln es ausgedrückt wurde und warum die jeweiligen Elemente gewählt wurden.

In den meisten Fällen wurden die anthroposophischen Spruchdichtungen im Jambus geschrieben, einem steigenden und dadurch anregenden Rhythmus, in dem zum Beispiel auch der ganze Seelenkalender gestaltet wurde. Und doch wurden immer wieder aussagekräftige Rhythmusveränderungen eingefügt, die ein vertieftes Verstehen der Inhalte ermöglichen. Man lese nur einmal die ersten acht Zeilen des Wahrspruchwortes «In Urzeittagen/trat zum Geist des Himmels» unter dem Aspekt des rhythmischen Wechsels zwischen steigendem Jambus und fallendem Trochäus. Man kann spüren, dass der Text dadurch eine unterschiedliche Gewichtung und Geste bekommt.

Zwei entgegengesetzte Rhythmen, die Rudolf Steiner verschiedentlich eingesetzt hat, seien hier ebenfalls erwähnt:

der Amphibrachys: . – . (kurz lang kurz) und der Amphimaker: – . – (lang kurz lang).

Trägt der erste Rhythmus Schwingung und Musikalität in die Sprache hinein, weshalb er z. B. sehr gut für das Abendglockengebet «Das Schöne bewundern» passt, so führt der zweite in eine ruhige, verinnerlichte Gedankensphäre. Zum Vergleich seien hier noch zwei weitere Spruchdichtungen[42] angeführt:

Amphibrachys:
Dem Stoff sich verschreiben,
Heißt Seelen zerreiben.
Im Geiste sich finden,
Heißt Menschen verbinden.
Im Menschen sich schauen,
Heißt Welten erbauen. *(Finsternis, Licht, Liebe)*

Amphimaker:
Wenn der Mensch, warm in Liebe,
Sich der Welt als Seele gibt,
Wenn der Mensch, licht im Sinnen,
Von der Welt den Geist erwirbt,
Wird in Geist-erhellter Seele,
Wird in Seele-getragenem Geist,
Der Geistesmensch im Leibesmenschen
Sich wahrhaft offenbaren.

Der erste Spruch hat fast etwas Tänzerisches, lebt ganz im gegenwärtigen Spiel der Kräfte dargestellter Gesetzmäßigkeiten. In dieser Leichtigkeit werden umso deutlicher die verschiedenen Lautzonen erlebbar, welche dem Inhalt Kontur geben. In den ersten beiden Zeilen dominieren die Blaselaute und der Zahn-Zungenansatz und weisen auf die zerstörerischen materiellen Gedankenkräfte hin. In den folgenden Zeilen sprechen die Lippenlaute Herz und Ich-Gefühl an. Der Laut AU steht zwei Mal am Ende der letzten Zeilen und baut mit dem Willensklang der Stimme einen neuen Seelenraum auf. Der beschwingte Rhythmus nimmt dem Inhalt alles Dogmatische oder Belehrende. Die klaren Aussagen werden fast spielerisch an den Menschen herangetragen und appellieren mehr an das Herz als an den Verstand.

Schon der Konditionalsatz, mit dem der zweite Spruch beginnt, führt zwar in gedankliche Zusammenhänge, die jedoch durch die ruhig atmende Verinnerlichung, die dem Amphimaker eigen ist, und ebenfalls durch den lyrischen Sprachansatz der vielen Lippenlaute in anderer Weise vom Kopfdenken wegführt. Ab der fünften Zeile wird der Rhythmus aufgebrochen, ist aber im Hintergrund noch immer spürbar und wirksam. Auch dieser Spruch ist ein sprachliches Kunstwerk. Die Verdoppelung der Worte: Wenn, wenn … Wird, wird … Die Wärme der Liebe wird ganz mit den Lippen durchgefühlt. Das Licht der Sinne leuchtet auf in einer nach außen gerichteten Wahrnehmung durch das drei Mal erklingende I und dessen Verbindung mit dem Nerven-Sinnes-Menschen. Die wechselnden, sich fast umarmenden Wortzusammenhänge «Geist-erhellte Seele» und «Seele-getragener Geist» und schließlich die sich in den drei A-Lauten der letzten Zeile real vollziehende Offenbarung geben ein deutliches Zeugnis von der Poesie des Geistes ab, die als offenbares Geheimnis im gesamten Werk Rudolf Steiners lebt und zu einer neuen Lesart aufrufen will.

Auf einen Blick

Die von Rudolf Steiner gewählten Laut- und Sprachzonen entsprechen den Inhalten und dokumentieren wesenhaft das Denken, Fühlen oder Wollen. In dem Spruch «Ecce homo» werden in den ersten drei Zeilen die Seelenkräfte getrennt aufgeführt und beschrieben. Der dafür gewählte Päon ist ein Rhythmus, der in den altgriechischen Sonnenmysterien in den Lobgesängen für Apollo eingesetzt wurde. Längen und Kürzen können hier in beliebiger Reihenfolge eingesetzt werden. Das entspricht den noch nicht verbundenen und womöglich divergierenden Seelenkräften. Diese werden in den folgenden Zeilen sowohl auf der lautlichen als auch auf der rhythmischen Ebene sinnvoll miteinander verwoben. Der hier gewählte Adonis-Rhythmus entstand in den vorchristlichen Adonis-Mysterien, welche die Harmonisierung von Denken, Fühlen und Wollen, die durch das dritte Christusopfer in der geistigen Welt möglich wurde, feierten. Auch in den anderen Spruchdichtungen werden die Inhalte durch Laute, Sprechzonen und verschiedene, womöglich wechselnde Rhythmen so differenziert gestaltet, dass die jeweiligen gedanklichen Aussagen verändert wahrgenommen werden können.

Die Mysteriendramen

… dass der Laut selber, ohne dass man über ihn hinausgeht, eine Hinweisung, eine Offenbarung des Geistigen sein kann …[43]

Während wir Rudolf Steiner in seinen Spruchdichtungen als Lyriker wahrnehmen können, erleben wir an den Mysteriendramen seine außergewöhnliche Fähigkeit, die kompliziertesten geistigen Vorgänge und spirituellen Gedanken in dramatische Bilder umzuschmelzen. In meist fünffüßigen Jamben (außer im ersten Drama) werden alle Inhalte der Geisteswissenschaft in den vier Dramen zu einem Bühnenkunstwerk verdichtet, das in sprachlicher Qualität und Differenzierung seinesgleichen sucht. Wie er selbst die Entstehung der Dramen beschreibt, handelt es sich nicht um das Fassen eines Gedankens, der in Worte umgesetzt wurde. Der größte Teil der Dramen wurde von ihm innerlich geistig gehört und dann aufgeschrieben.[44]

Jeder, der sich näher mit den Dramen beschäftigt, wird erleben können, wie hier in umfassender Weise gerade die Vielfalt und Vielschichtigkeit der künstlerisch gestalteten Sprache eine Vertiefung der spirituellen Inhalte bewirkt. Die Mysteriendramen sind kein gedankliches Konstrukt, sondern eine sprachkünstlerische Komposition, die einzigartig ist. Wer sich die Texte sprachlich erarbeitet, wird erfahren können, wie sich die zum Teil recht komplexen Gedankenzusammenhänge im wiederholten Üben immer neu erschließen und es zu einem vertieften Erleben der geisteswissenschaftlichen Inhalte kommt. So führt die sprachliche Tätigkeit sowohl zu wesentlichen Fragen als auch zu unerwarteten Einsichten und Antworten.

Die Dramen sind geprägt von allen Stilrichtungen: Epische Beispiele finden wir vor allem in den vier Märchen, wie auch in den zum Teil sehr ausführlichen Schilderungen einzelner Protagonisten über vergangene oder innere Erlebnisse. Sie sind durchzogen von einer wesenhaften Geistdramatik, die sich in dem zum Teil existenziellen Ringen der Seelen verdichtet und dann wieder aufblüht zu reiner Lyrik, wie es zum Beispiel in den Sprüchen, Mantren, den

Worten der Elementarwesen, aber auch in den Szenen, in denen geistige Erlebnisse an der Schwelle dargestellt werden, der Fall ist. Sich die Texte der Mysteriendramen sprachlich zu erarbeiten, ist in Taten umgesetzte Anthroposophie.

Vergegenwärtigen wir uns noch einmal, dass hier von Rudolf Steiner nicht Gedanken erdacht und aufgeschrieben worden sind, sondern plastisch-musikalische Sprachformen und -klänge gehört und zu Worten verdichtet wurden, dann wird unmittelbar deutlich, dass diese nicht nur von den Spielern, sondern auch von den zuhörenden oder lesenden Menschen mit- und nachgestaltet werden sollten, um, bis in den Leib hinein, zu einem wesenhaften Erleben der Inhalte zu kommen:

> *Man hört viel mehr mit den Sprachorganen zu, als gewöhnlich gemeint wird … Und der ätherische Leib redet eigentlich immer mit, macht Eurythmie mit, wenn zugehört wird, und zwar Bewegungen, die durchaus den eurythmischen Bewegungen entsprechen. Nur kennt sie der Mensch meistens nicht, wenn er nicht Eurythmie gelernt hat.*[45]

Nur wenn die Mysteriendramen nicht aus der Sprachkunst heraus inszeniert, dargestellt oder aufgenommen werden, kann es zu solch fragwürdigen Urteilen kommen, dass sie zu langatmig und deshalb langweilig wären und im Grunde nicht mehr zeitgemäß seien. Denn die erschütternde Dramatik, die ihnen innewohnt, die ganz aus der Ruhekraft sich entfaltenden epischen Ausführungen sowie das zarte poetische Sprachgewebe mancher Szenen und Bilder beruhen ausschließlich auf einer vom Ich ausgehenden und sich an das Ich wendenden Sprachkunst. Als Beispiel seien hier einige Stellen aus dem 9. Bild des vierten Mysteriendramas «Der Seelen Erwachen» angeführt.[46]

Maria, in Meditation versunken, gelingt es mithilfe ihrer Seelenkräfte Astrid und Luna, Benedictus und dem Hüter der Schwelle, die Erlebnisse der Weltenmitternacht in ihr Erdenbewusstsein zu tragen. Sie erinnert sich wieder an die Ereignisse und karmischen Zusammenhänge der ägyptischen Inkarnation und kann sich diese Erinnerung nun auch bewahren. Es handelt sich um eine Szene, die sich ganz auf der seelisch-geistigen Ebene am Rand der Schwelle abspielt, im Übergang zwischen Tagesbewusstsein und Geist-Erwachen der Maria. Diese Schwellensituation spiegelt sich in der Sprache der Maria, die mit den Lauten ständig die vordere Sprechzone (Ich-Gefühl) umspielt und mit großer Leichtigkeit immer wieder zu den wärmenden Blaslauten (besonders W und F) und dem stimmhaften weichen Stoßlaut M wechselt. Die Szene ist dadurch von einer zarten, transzendentalen Durchlässigkeit geprägt, indem Maria die Erinnerung an die geistigen Erlebnisse der Weltenmitternacht ganz aus dem lyrischen Ansatz heraus spricht, das Herz gewissermaßen auf den Lippen tragend, und dort, an der Schwelle des Mundes, nach ihrer Erinnerung tastet:

Mit **m**einem Sel**b**ste nahet er … **V**er**w**eile d**u** a**u**ch **m**ir, **o** A**u**gen**b**lick … **V**ereint **m**ein Ich sich jene**m** Sel**b**st, das **m**ich i**m** **W**elten**w**esen sich zu**m** Dienst er**schuf** … **W**ohin ent**fü**hrt **m**ich deines **W**ortes Kraft? ... **W**ie **f**ind ich sie, **w**enn Sinnensein **m**ich **w**ieder tr**äum**end **m**acht?

Nur in den Augenblicken, in denen etwas als gesichert dargestellt, abgewehrt oder hinterfragt wird, häufen sich die Dentallaute der Denk-Zone. Ganz besonders verdeutlichen hier D und T den Stimmungswechsel: **D**och wie erhal**t** ich **d**ich, **d**u Augenblick, **d**ass **d**u mir **n**ich**t**, **d**em Traume gleich, entschwindest. Doch jene Frau, die in des Tempels Näh' sich hielt?

Vokalisch werden diese Prozesse unterstützt durch den mehrfachen, ganz vorne angesiedelten Ü-Laut, das weiche, besänftigende EI und den Wechsel zwischen der Stimmung der Erwartung in der Weitung des A und der ruhigen Selbstbesinnung im E. In dem sich häufenden Vokal I findet Marias innere Aufrichtekraft und Geistesstärke ihren Ausdruck. Ihr Willensentschluss, das Geschaute nicht mehr aus dem Bewusstsein zu verlieren, wird durch das I unterstützt: Dass ich dich nicht verliere, wenn die Sinne um mich die Erdenhelle wieder fühlen. Durchkraftet mich im tiefsten Wesensgrunde. Ich will in diese Ruhe untertauchen … Dich Astrid will ich rufen … usw.

Spüren wir solchen Textstellen mit innerer Aufmerksamkeit nach und werden wir immer sensibler für das, was sich hinter den begrifflichen Inhalten verbirgt, so beginnen die Worte Rudolf Steiners, in und an uns tätig zu werden. Das Erlebnis vertieft sich noch, wenn auch die Wechsel zu anderen Lautgruppen beachtet und z. B. die helle, strahlende I-Stimmung in die Wärme- und Klangräume der Blutvolkale A, O, U und AU überführt wird. Entwickeln wir zusätzlich ein Bewusstsein von den Sprechzonen, so erfahren wir, aus welcher Seelenregion jeweils gesprochen wird oder welcher Ansatz in den einzelnen Rollen prädominiert. Wir werden dann bemerken, dass Maria anders mit Astrid (eher helle Vokale und Dentale) als mit Luna spricht, die vor ihrem ersten Auftritt in dieser Szene regelrecht von Maria herbeigesprochen wird durch eine Häufung der willensstarken Gaumenlaute G und K in den letzten drei Zeilen der vierten Passage. Der Hüter greift dieses Element der Kraft in seiner ersten kurzen Rede auf, ergänzt im Verlauf der Szene den sprachlichen Ansatz mit einem steten Wechsel zwischen den Wärmelauten SCH und W (Lippen/Zähne) und den deutlichen Stoßlauten D und T (Zungenspitze). Die Sprache des Benedictus erscheint ausgewogen und umfasst gleichwertig alle vier Konsonantengruppen in den drei Sprechzonen. Im häufigen I zeigt sich die weisende Gebärde des Geisteslehrers.

Ein wesentliches künstlerisches Mittel Rudolf Steiners findet sich in den außergewöhnlichen und immer wieder wechselnden Wortverbindungen. Werden gleiche Worte, wie es in den Mysteriendramen sehr häufig der Fall ist, unterschiedlich zusammengesetzt, hat das eine weckende Wirkung auf den Ich-Willen, wenn der Mensch sich bemüht, den Qualitäten der unterschiedlichen Wortgebärden nachzuspüren und in innerer Gestik mitzuvollziehen:

Ein Seelenstern am Geistesufer dort … spricht Maria der sich noch unerkannt nahenden Astrid entgegen …

Ein Geistesstern am Seelenufer dort … zeigt sich ihr, als Lunas Worte ihr die ägyptische Inkarnation ins Bewusstsein rufen.

Wieder anders erlebt sie die Gegenwart des Hüters:

Es schwebt als Seelenstern der ernste Hüter
Nach meinem Seelenufer leuchtend hin …[47]

Inhaltlich sehr komplex und sprachlich außergewöhnlich poetisch sind diese Texte aufgebaut, in denen sich Maria schrittweise an die Ereignisse der Weltenmitternacht zu erinnern beginnt – ein Vorgang, der sich dem Verstandesdenken immer wieder entziehen will und der sich erst in den sprachlichen Wendungen in seiner Ganzheit zu enthüllen beginnt. Die Seele der Zuhörenden oder Lesenden tastet mit in den Wiederholungen der Worte, in den Wendungen der sprachlichen Bilder und den differenzierten Lautbildungen. Hält mit jedem der zahlreichen Gedankenstriche inne, zögert und tastet weiter. Sobald Maria von der Ebene des seelischen Suchens zum geistigen Schauen der ägyptischen Inkarnation findet, verwendet Rudolf Steiner keine Gedankenstriche mehr. Die erwachte Seele hat zu innerer Sicherheit gefunden und kann jetzt die damaligen Ereignisse vollständig, sowohl sehend als auch hörend, erfassen. So werden bis in den Gedankenstrich hinein die geistig-seelischen Vorgänge wesensgemäß und differenziert erfahrbar.

Auf einen Blick

Ein Mitempfinden der verschiedenen Sprechzonen kann Aufschluss darüber geben, aus welcher Seelenhaltung und mit welcher Intention die jeweiligen Personen sprechen. Wird vorwiegend die Sprechzone des Willens, des Denkens oder Fühlens genutzt? Hat der Text einen eher epischen, dramatischen oder lyrischen Charakter? Ist der ganze Sprachduktus mehr plastisch (konsonantisch) oder musikalisch (vokalisch oder stimmhafte Konsonanten)? Welche Lautgruppen herrschen vor? Dieses in eigener Sprachtätigkeit nachzuschaffen, kann wertvolle Hinweise geben zu den spirituellen Hintergründen einzelner Rollen oder Szenen. Ganz besonders auch dann, wenn es gelingt, veränderte Inhalte oder Seelenstimmungen anhand von sprachlichen Veränderungen wahrzunehmen.

Das Tasten der Maria an der Schwelle zum seelischen

Erwachen im 9. Bild des vierten Dramas ist geprägt von den das Ich-Gefühl anregenden Lippenlauten, die an der «Schwelle des Mundes» gebildet werden, und ist sprachlich ganz aus der Stimmung einer zarten, transzendentalen Lyrik heraus gestaltet.

Eine große Herausforderung für das Ich ist es, die verschiedenen Wortverbindungen in ihren wechselnden Bezügen ihrer Gebärde nach zu erfassen. Man achte nur einmal darauf, wie oft in einer Szene das Wort Geist mit anderen Substantiven zusammengesetzt erscheint: Geistesufer, Geisteshelle, Geisteskreise, Geistesstern, Geisterlebnis, Geistgeschehen, Geisteshöhenflug usw. Schnell werden solche Worte überlesen und auf eine abstrakte Begrifflichkeit reduziert. Gerade im Nachbilden dieser für Steiner so typischen Wortschöpfungen entsteht aber die notwendige seelische Regsamkeit für ein vertieftes und ganzheitliches Erleben der Geisteswissenschaft.

Selbst die Gedankenstriche sind ein sprachkünstlerisches Mittel, und es lohnt sich, die Texte so zu lesen, dass sie berücksichtigt werden. Sie treten gerade im vierten Drama gehäuft auf. Im oben angeführten 9. Bild machen sie deutlich, wie Maria im Seelischen tastet und sucht, im Geisterkennen aber die Zusammenhänge klar erschaut.

Kompositionsgesetze und Bildhaftigkeit in Rudolf Steiners Schriften

… aber ein richtig verfasstes anthroposophisches Buch soll ein Aufwecker des Geistlebens im Leser sein, nicht eine Summe von Mitteilungen. Sein Lesen soll nicht bloß ein Lesen, es soll ein Erleben mit inneren Erschütterungen, Spannungen und Lösungen sein.[48]

Der Anspruch, den Rudolf Steiner beim Verfassen seiner Schriften an sich selbst und an jeden, der über geistige Zusammenhänge berichten wollte, stellte, ist außerordentlich hoch. Unermüdlich war nach seinen eigenen Angaben das Ringen mit der Sprache, um dasjenige in Worten auszudrücken, was sich der üblichen, auf die Sinneswelt bezogenen Begrifflichkeit fortwährend entzieht. Anhand der verschiedenen Vorworte zu seinen Grundwerken lässt sich erkennen, wie fast jede Neuauflage so von ihm ergänzt wurde, dass die gewählten Sprachformen immer mehr den spirituellen Inhalten entsprechen konnten. Daraus ergab sich eine neue Ausdrucksform, deren sprachkünstlerische Stilelemente Rudolf Steiner ständig zu verfeinern suchte. Gerade die Prosa musste erst wieder vom Kopf befreit und für die Aufnahme der geistigen Erkenntnisse zubereitet werden. Prosa strebt immer aus der Kunst heraus, sie ist *Kopfkultur, das heißt kunstlose Kultur.* Sie ist *stillos geworden, weil sie nur Mitteilung sein will.*[49]

Rudolf Steiners Anliegen aber war es nicht nur, die geisteswissenschaftlichen Zusammenhänge mitzuteilen, sondern diese über die Sprachkunst mit dem ganzen Menschen zu verbinden. Die Gedanken sollten durch die entsprechenden Sprach- und Lautformen mit dem Herzen durchfühlt und mit den Gliedmaßen mitbewegt werden:

> *Die Prosa, wie sie heute besteht, ist überhaupt darauf hin orientiert, den Stil als solchen zu verlieren und an die Stelle des Stiles die Pointierung zu setzen, denn in der Prosa hat man die Aufgabe, präzise einen Inhalt anzugeben. Der Inhalt aber, den der Mensch durch den Kopf bekommt, der ist nicht geformt. Unsere Gedanken liegen, insofern sie sich in Prosa bewegen, chaotisch ungeformt nebeneinander. Wäre*

das nicht der Fall, so würden wir auch nicht die Misere heute haben mit den nebeneinanderliegenden Wissenschaften oder mit der Spezialisierung in dem Nebeneinanderliegen unserer Erkenntnisse, die alle Kunst verloren haben ...[50]

Was Rudolf Steiner in seinen Schriften anstrebte, war, den Gedanken, der sich schon losgelöst hat von der Sprache, wiederum in die Sprache zurückzubringen. Dafür bediente er sich auch in seinen Schriften der unterschiedlichsten sprachkünstlerischen Stilelemente, sodass die anthroposophischen Darstellungen in entsprechender Weise den Menschen zugänglich gemacht wurden. Seine Bücher bestehen nicht aus einer Aneinanderreihung von Gedanken, sondern sind nach künstlerischen Gesetzmäßigkeiten aufgebaute sprachliche Kompositionen. Er selbst nennt die Philosophie der Freiheit dementsprechend eine Art Partitur, die man in innerer, seelischer Gedankentätigkeit lesen müsse, um aus dem Eigenen heraus von Gedanke zu Gedanke fortzuschreiten. Das bedürfe der Mitarbeit des Lesers.[51]

Für diejenigen, welche die anthroposophischen Bücher durcharbeiten, ergibt sich also eine besondere Aufgabenstellung, da die Inhalte mit dem reinen Verstandesdenken nicht ihrem Wesen nach erfasst werden können. Unermüdlich ist der Ich-Wille herausgefordert, die geistigen Vorgänge sprachkünstlerisch nachzugestalten, um sich durch die eigene Seelenbetätigung den Inhalten nähern zu können:

Man lebt im Lesen von geisteswissenschaftlichen Erkenntnissen auf andere Art, als in demjenigen der Mitteilungen sinnenfälliger Tatsachen. Liest man Mitteilungen aus der sinnenfälligen Welt, so liest man eben über sie. Liest man aber Mitteilungen über übersinnliche Tatsachen im rechten

Sinne, so lebt man sich ein in den Strom geistigen Daseins. Im Aufnehmen der Ergebnisse nimmt man zugleich den eigenen Innenweg dazu auf.[52]

In diesem Kapitel soll vor allem auf Aufbau und Bildhaftigkeit in den Schriften hingewiesen werden.

Das von Rudolf Steiner immer wieder eingesetzte Element der zahlreichen Wiederholungen einer scheinbar gleichen Thematik entspricht dem Wesen einer musikalischen Komposition, in der ein Motiv durch verschiedene Variationen geführt wird. Das kann auf das Alltagsdenken einschläfernd wirken, regt aber im obigen Sinn in umfassender Weise die Seele an, tätig zu werden:

Man muss nur bedenken, dass das Künstlerische eben ein Mittel des Verständnisses abgibt. Wiederholungen an sich zum Beispiel, sie wirken ja so, dass sie gewissermaßen eine Art Erleichterung für den Zuhörer bilden. Man gibt dem Zuhörer Gelegenheit, wenn er Wiederholungen in verschiedenen Wendungen hört, gewissermaßen nicht straff sich zu halten an die eine Wendung oder an die andere Wendung, sondern an dasjenige, was dazwischen liegt. Dadurch wird er im Auffassen befreit und er hat dann dieses Gefühl der Befreiung, und das ist etwas, was außerordentlich zum Verständnis beiträgt.[53]

Das Verstandesdenken will sich gerne dieser Herausforderung entziehen, da es bereits nach der ersten Kenntnisnahme alles zu wissen glaubt, was dann mehrfach wiederholt wird. Tatsächlich aber kann das Ich erst wirklich aktiv werden, wenn das Interesse des Astralleibes nachlässt und der Intellekt sich zu langweilen beginnt. Erst dann wird der

Lesende aufmerksam für die zahlreichen, sehr wesentlichen Variationen, mit denen Rudolf Steiner die jeweiligen Wiederholungen ergänzt, und durch welche er eine schrittweise Vertiefung der Inhalte angeregt hat.

Beispielhaft für diese Art einer sprachlichen Komposition sind die recht kurzen und überschaubaren ersten Kapitel der Theosophie, in denen der dreigliedrige Mensch entwickelt wird. Zu Beginn wird ein Zitat von Goethe angeführt, das anschließend in den folgenden Abschnitten wiederholt aufgegriffen wird, wobei die Inhalte jedes Mal durch neue, weiterführende Gesichtspunkte ein wenig verändert werden. Das nur scheinbar Gleiche erfährt so eine fortwährende Ergänzung und Vertiefung. Die Seele wird zu Wachheit und Beweglichkeit aufgerufen, da die Begriffe immer neu erfasst werden müssen.

Goethe führt in seiner Darstellung die drei Wahrnehmungsstufen des Menschen gegenüber der Welt an: die sinnliche Welt der Gegenstände, die seelischen Reaktionen auf diese und die Möglichkeit, im Überwinden der persönlichen Gefühle zur Erkenntnis geistiger Gesetzmäßigkeiten zu kommen. In einem ersten Schritt fasst Rudolf Steiner diese Ausführungen mit eigenen Worten zusammen. Er schildert die Wahrnehmung der Umwelt als Tätigkeiten der Sinne: der Mensch «tastet, riecht, schmeckt». Die sich daran entzündenden Seelenregungen werden geordnet, jedoch nicht wie bei Goethe beurteilt. Die «Geheimnisse des Daseins» lässt er sich selbst enthüllen, ohne die dazu notwendige Erkenntnisfähigkeit des Menschen einzufordern. Jede der Ebenen findet hier ihre Berechtigung und wird wertfrei, aber wesenhaft geschildert. Der Text wirkt jetzt weniger philosophisch, sondern farbig und lebendig, zugleich aber auch objektiver und freilassender. Anschließend wird Absatz für Absatz das Thema aufgegriffen und weiter ausgeführt. Stellen wir die ersten sechs Abschnitte schematisch zusammen, dann ergeben sich folgende Variationen – die jeweiligen Ergänzungen wurden hervorgehoben.

Thematischer Ausgangspunkt:
Die **Welt der Sinne, die seelischen Reaktionen** auf diese, die **geistige Erkenntnis.**
Dieses wird nun schrittweise ergänzt:

1: Die Welt, wie wir sie vorfinden, ist **das Gegebene.** Die Gefühle verbinden uns mit der Welt, sie bekommt **Bedeutung** für uns.
Zur Erkenntnis zu kommen, ist das **Ziel.**

2: Die Sinneswelt ist **vergänglich.**
Die seelischen Empfindungen **bleiben als Erinnerung im Menschen.**
Die immer gleichen **Gesetzmäßigkeiten bleiben außerhalb des Menschen.**

3: Daraus resultiert eine dreifache Verbindung des Menschen mit der Welt durch die drei Seiten seines Wesens: **Leib, Seele und Geist.**

4: **Durch den Leib offenbart sich** dem Menschen **die Sinneswelt.**
Mit der Seele verbindet er diese mit seinem eigenen Dasein.
Mit dem Geist vermag er das göttliche Wesen in der Welt zu erkennen.

5: Die Verbindung über den Leib mit der Welt lebt nur im **Augenblick**.
Die Seele **bewahrt die Eindrücke in sich**.
Durch den Geist offenbart sich dem Menschen **das ewige Wesen der Dinge**.

6: Über den **Leib** sind wir **mit der Sinnenwelt verwandt**. Er setzt sich aus den Stoffen der Außenwelt zusammen und kann ebenfalls mit den Sinnen wahrgenommen werden.
Der Mensch trägt die Gefühle als eigene Welt in sich. Sie sind nicht für die äußere Anschauung wahrnehmbar.
Für eine höhere Erkenntnis der Welt tritt der Mensch geistig aus sich heraus und lässt die Dinge über sich selbst sprechen. Diese enthüllen sich ihm dann im Inneren.
So wird in lebendigen Schritten der Mensch als Bürger dreier Welten entwickelt, auf dreifache Weise mit diesen verbunden und verwandt. Die von Goethe angesprochenen unterschiedlichen Wahrnehmungsstufen führt Rudolf Steiner in einen dynamischen Prozess der Entwicklung, welcher das Bild immer reicher und anschaulicher, aber auch bewegter werden lässt. Gerade in der sechsten Variante sind wir aufgerufen, die widersprüchlichen Bewegungen innerlich nachzuvollziehen: Die sonst in die Außenwelt gerichtete Sinneswahrnehmung blickt jetzt auf die eigene Leiblichkeit, und der Mensch erlebt in seinem inneren Wesen das, was er findet, wenn er geistig aus sich heraustritt.
Der leiblichen, seelischen und geistigen Wesenheit des Menschen wird dann je ein eigenes Kapitel gewidmet und die Zusammenhänge werden weiter ausgeführt.

7: Der **Leib** ist seiner Beschaffenheit nach mit dem **Mineralreich** verbunden, durch **Wachstum und Fortpflanzung** mit der **Pflanzenwelt.**
Die seelischen Erlebnisse sind denen der **Tiere** verwandt. Da sich aber der Bau der menschlichen Leibesorganisation besonders im Bereich der Nerven und des Gehirns immer mehr verfeinert und differenziert, fügt Rudolf Steiner nun **eine vierte, menschliche Dimension** hinzu. Diese ist ein Reich für sich und ermöglicht geistige Erkenntnisse.
Das Nachdenken über die Welt und die eigenen Taten machen den Menschen zum Angehörigen einer höheren Ordnung. Der **Notwendigkeit** der Natur gegenüber entsteht nun die **Freiheit.**[54]

Das folgende, sehr umfangreiche Kapitel, auf das hier nur hingewiesen werden soll, fasst noch einmal Leib, Seele und Geist zusammen und vervollständigt die Darstellung durch eine ausführliche Beschreibung der Wesens- und Seelenglieder und der menschlichen Entwicklung bis hin zum Geistesmenschen.

Musikalisch gesehen bekommt hier die Grundthematik mit ihren anfangs sparsamen Variationen einen sinfonischen Charakter und wird mit einer gewaltigen, umfassenden Darstellung des 9- und 7-gliedrigen Menschen und seiner Entwicklung zum Finale geführt.*

* Weitere bedeutende Aspekte zur Kompositionskunst in den Schriften von Rudolf Steiner finden sich bei Florin Lowndes: Das Erwecken des Herzdenkens, Verlag Freies Geistesleben, 1998.

Diese Art einer sprachlichen Komposition kann nicht vom Verstandesdenken erfasst, sondern nur mit «künstlerischer Gesinnung» aufgenommen und Stück für Stück erarbeitet werden. So heißt es in der dritten Vorrede zur Theosophie:

> *Wie man Bücher in unserem Zeitalter zu lesen pflegt, kann dieses nicht gelesen werden. In einer gewissen Beziehung wird von dem Leser jede Seite, ja mancher Satz erarbeitet werden müssen. Das ist mit Bewusstsein angestrebt worden. Denn nur so kann das Buch dem Leser werden, was es ihm werden soll. Wer es bloß durchliest, der wird es gar nicht gelesen haben. Seine Wahrheiten müssen erlebt werden. Geisteswissenschaft hat nur in diesem Sinne einen Wert.*[55]

Aufschlussreich ist auch der Hinweis, dass für die drei Bereiche des Menschen auch drei verschiedene, dem Wesen des Inhalts entsprechende Betrachtungsweisen notwendig seien. Dieses drückt Rudolf Steiner ebenfalls in seiner Sprache aus. So schildert er die leiblichen Bezüge (I) vorwiegend mit plastischen, klar konturierten Konsonanten: Er is**t mit** **d**iese**n** **d**rei For**men** **d**es **D**asei**n**s **bekannt**. Im Kapitel über die seelische Wesenheit des Menschen (II) prädominiert das Vokalische. Hier fallen besonders die vielen vokalischen Wortanfänge auf: **E**r **e**rhält von der **Au**ßenwelt die **A**nregungen; **a**ber **e**r bildet **i**n Gemäßheit dieser **A**nregungen **ei**ne **ei**gene Welt **au**s. Die Darstellungen über den geistigen Bereich (III) sind dagegen durchzogen von den Blase-/Wärmelauten, sodass sie weniger stofflich, sondern durchlässig und bewegt wirken: Den Gesetzen de**s** **S**to**ffw**e**chs**els ist der Men**sch** dur**ch** die Natur unter**w**or**f**en; den Denkgesetzen unterwirft er **sich** selbst.[56]

Da an anderer Stelle bereits mehrfach auf die sprachkünstlerischen Feinheiten Rudolf Steiners eingegangen worden ist und diese anhand zahlreicher Beispiele in ihren inhaltlichen oder intentionalen Zusammenhängen betrachtet wurden, sollen sie hier nur am Rande erwähnt werden. Seine Schriften sind durchzogen von zahlreichen und oft beeindruckenden sprachlichen Schöpfungen. Welche dem Anliegen entsprechende Sprachkraft lebt zum Beispiel in den plastischen, mehrfach alliterierenden Konsonanten des folgenden Abschnitts, der sich in einem der Aufsätze findet:

> *Wir müssen den Mut haben, kühn in das Reich der Ideen einzudringen, auch auf die Gefahr des Irrtums hin. Wer zu feig ist, um zu irren, der kann kein Kämpfer für die Wahrheit sein. Ein Irrtum, der dem Geist entspringt, ist mehr wert, als eine Wahrheit, die der Plattheit entstammt. Wer nie etwas behauptet hat, was in gewissem Sinne unwahr ist, der taugt nicht zum wissenschaftlichen Denker. Aus feiger Furcht vor dem Irrtum ist unsere Wissenschaft der baren Flachheit zum Opfer gefallen.*[57]

Auch die bereits angeführten ersten Seiten der Theosophie wurden ganz aus der Sprachkunst heraus gestaltet. Zauberhaft in Bild und Ausdruck erscheint zum Beispiel der Abschnitt, in dem Rudolf Steiner schildert, wie ein Mensch freudig über eine Blumenwiese geht, während ihm eine geistige Erkenntnis aufleuchtet. Sowohl die Seelenstimmung wie das Licht der Erkenntnis finden sich auf eindrückliche Weise in dem folgenden, ganz vom Vokal I geprägten Satz wieder: *Habe ich mich über diese Art, über diese Gesetze aufgeklärt, so finde ich sie in den diesjährigen Blumen so wieder, wie ich sie in den vorjährigen erkannt habe.*

Das geistig Geschaute durch eine lebendige, den Inhalten entsprechende Sprache wiederzugeben, war ein lebenslanges Anliegen Rudolf Steiners. Dass es ihn regelrecht quälte, wenn er den Eindruck hatte, diesem nicht vollständig gerecht werden zu können, schildert er in den Vorbemerkungen zur 4. Auflage der Geheimwissenschaft. Abermals hatte er das ganze Buch durchgearbeitet und versucht, durch zahlreiche Ergänzungen und Änderungen die Ergebnisse seiner übersinnlichen Forschungen zu verdeutlichen. Er empfand die Mittel der ihm zugänglichen Darstellung noch immer als «spröde» und somit unzulänglich für eine geistgemäße Schilderung:

> *Doch weichen die Erlebnisse in Bezug auf solche Dinge so sehr von allen Erlebnissen auf dem Sinnesgebiete ab, dass die Darstellung ein fortwährendes Ringen nach einem nur einigermaßen genügend scheinenden Ausdruck notwendig macht. Wer auf den hier gemachten Versuch der Darstellung einzugehen willens ist, wird vielleicht bemerken, dass manches, was dem trockenen Worte zu sagen unmöglich ist, durch die Art der Schilderung erstrebt wird. Diese ist anders zum Beispiel bei der Saturn-, anders bei der Sonnen- usw. Entwicklung.*[58]

Eine für die spirituellen Inhalte angemessene sprachliche Entsprechung hängt also von der Art, dem Wie des Gesagten ab. Das verweist uns wiederum auf die Notwendigkeit einer sprachkünstlerischen Darstellung und Lesart. Dieses zum Beispiel anhand der Saturn-Entwicklung näher auszuführen, würde den Rahmen des Buches sprengen. Als Anregung mag der Hinweis genommen werden, sich in die jeweiligen Anfangsbeschreibungen von Saturn, Sonne, Mond und Erde einzulesen. Die Schilderungen des alten Saturns, besonders, wenn es um die Darstellung der für unser Bewusstsein nicht wirklich fassbaren Wärmezustände geht, sind durchzogen von einem tastenden Suchen nach Worten, Gleichnissen und Bildern, während die Beschreibungen der alten Sonne unmittelbar mit dem Wesen des Menschen beginnen und sprachlich wie strömendes Licht erscheinen. Die Ausführungen über die Mondesstufe greifen anfangs noch einmal die vorhergehende Entwicklung auf und sind gänzlich geprägt von sich wandelnden Bewegungen, was dem Wesen der Mondenentwicklung entspricht:

> *Denn es soll nicht so sehr darauf ankommen, hier spekulative Begriffe und Ideenkonstruktionen zu geben, sondern vielmehr eine Vorstellung von dem, was sich dem auf diese Tatsachen gerichteten übersinnlichen Schauen wirklich vor das geistige Auge stellen kann. Und das ist für die Mondenentwicklung gar nicht etwas in so scharfen und bestimmten Umrissen, wie sie die Erdenwahrnehmungen zeigen. Man hat es bei der Mondenepoche gar sehr mit wandelbaren, wechselnden Eindrücken, mit schwankenden, beweglichen Bildern zu tun und mit deren Übergängen.*[59]

Die Schilderungen der Erdenstufe beginnt Rudolf Steiner mit den beteiligten geistigen Wesenheiten und führt dann die Entwicklung immer konkreter bis hin zu den verschiedenen realen kulturellen und historischen Ereignissen der Menschheit. Ein Prozess der Verdichtung kann in der Art der Darstellung durchaus nachempfunden werden. Die Sonnenwirkungen werden im Zusammenhang mit der Erdentwicklung noch einmal ganz aus der Sphäre geistiger Poesie heraus gestaltet:

Der Mensch hat vorher Wärmeströme von der Erde zu sich emporkommen gefühlt, er hat Luft durch Tönen zu sich herandringend empfunden; jetzt durchdringt seinen Feuer-Luft-Leib auch das wässerige Element, und er sieht dessen Ein- und Ausströmen als Aufleuchten und Abdämmen von Licht.[60]

Bilder und Bewegungen durchziehen die Seele beim Lesen dieser Texte und verhindern das Gerinnen geisteswissenschaftlicher Darstellungen in tote Begrifflichkeit. Rudolf Steiner orientiert seine Sprachbilder an der Sinnenwelt und regt dadurch ein lebendiges Begreifen und fast sinnliches Erleben der geistigen Inhalte an. Auch auf dieser Ebene wird ein sich im ganzen Menschen offenbarendes Bewusstsein der geistigen Zusammenhänge angestrebt:

Heute verwechselt man den Verstand mit dem Bewusstsein überhaupt. Von demjenigen, der bildlich vorstellt, glaubt man, er ist dem Grade nach nicht so bewusst wie der andere, der verstandesmäßig vorstellt. Verstandesmäßiges Vorstellen verwechselt man heute mit Bewusstheit.[61]

An anderer Stelle heißt es, man müsse sich mit aller Sattheit der Farben und der Sattheit des Tones durchdringen, sodass man nicht begrifflich, sondern symbolisch, bildlich zur eigenen Schulung die Vorstellungen innerlich erlebt.[62]

Gerade die Prosa, die sich inzwischen vollständig dem Alltagsdenken und -sprechen angeglichen hat, braucht wieder ein sprachkünstlerisches Verständnis und Erleben, um Träger geistiger Wahrheiten werden zu können. So erscheinen jedes Üben und jede Anstrengung in dieser Richtung sinnvoll und bereiten Menschheitszukunft vor.

Der sprachkünstlerische Übungsweg als Ausdruck einer plastisch-musikalischen Menschenkunde

Indem man sich bewusst hineinlebt in das Gefüge der Sprache, lernt man von dem Sprachgenius selbst sehr viel. Und etwas Konkretes empfinden lernen von dem Wirken und Weben des Sprachgeistes, das ist von außerordentlicher Wichtigkeit.[63]

Die Forderungen nach einem vom ganzen Menschen ausgehenden Miterleben und Nachvollziehen anthroposophischer Inhalte führen unmittelbar zu der Frage nach einer sprachlichen Menschenkunde. Im Übungsweg der Sprachgestaltung finden sich detaillierte entsprechende Gesetzmäßigkeiten. Er verdeutlicht das Anliegen Rudolf Steiners, die sprachkünstlerischen Elemente in größere, den ganzen Menschen betreffende Zusammenhänge zu bringen. Die Sprechübungen haben nach seinen eigenen Angaben zwar keine inhaltlichen Sinnbezüge, entsprechen jedoch dem inneren Wesen der Sprache. Die manchmal seltsamen Übungssätze mögen auf den ersten Blick erst einmal befremdlich oder belustigend wirken. Es ist aber davon auszugehen, dass sie keineswegs der Willkür entspringen, sondern nach den Gesetzen einer sprachkünstlerischen Menschenkunde ausgestaltet und angeordnet wurden. Am Beispiel der ersten vier Übungsgruppen soll auf einige Besonderheiten hingewiesen werden. Die Übungen gliedern sich wie folgt:*

* Die hier berücksichtigte Anordnung der Übungen beruht auf der Reihenfolge, welche die Sprachgestalterin Gertrud Redlich zusammen mit Marie Steiner ausgearbeitet hat.

Artikulation
Atmung
Geläufigkeit
Stimme

Die Artikulation ist Thema der physischen Leibesorganisation. Sie beruht auf Stellung, Eigenart und Ausbildung der Sprechwerkzeuge, welche durch die entsprechenden Übungen gestärkt, geschult und bewusst eingesetzt werden.

Die Atmung gehört zu den Lebensprozessen. Sie ist jedoch durch die Differenzierung in Einatmung und Ausatmung zweigeteilt: Die Aufnahme der Luft ist ein beseelender und gestaltender Prozess, das Abgeben wiederum ein Vorgang der Verflüssigung und des Lösens.

Geschwindigkeit und Wendigkeit, welche für die dritte Übungsgruppe des «Sprechturnens» gebraucht werden, beruhen auf einem schnellen Konsonantisieren, ganz besonders im Bereich der Zahn-Zungenlaute, und zeigen so einen deutlich astralischen Charakter, der das arterielle Blut in Bewegung bringt und den Speichelfluss anregt.

In der Stimme, die Ausdruck der individuellen Persönlichkeit ist, befreit sich der Wille von seiner rein physischen Haftung. In Klang und Modulation werden Wärme, Beweglichkeit und Kraft des Ichs hörbar.

Es werden also nicht nur die Sprechorgane geschult, sondern über diese auch die vier Wesensglieder physischer Leib, Lebenskräfte-Leib, Seelenleib und Ich.

Bereits die fünf Artikulationsübungen zeigen einige besondere, dem oben geschilderten Aufbau entsprechende Gesetzmäßigkeiten.

1. *Dass er dir log uns darf es nicht loben*
   Die einsilbigen Worte ergeben eine klar begrenzte Sprachform, die Schritt für Schritt plastisch den physischen Raum und die Artikulationszonen ergreift. Die Vokale laufen geordnet von hinten nach vorne mit.

2. *Nimm nicht Nonnen in nimmermüde Mühlen*
   Die Nasalen N und M durchatmen und verflüssigen die Höhlen des Kopfes. Die Sprache wird musikalisch-fließend, vom I und Ü unterstützt, in Richtung Lippen geführt.

Es schließen sich zwei R-Übungen an:

3. *Rate mir mehrere Rätsel nur richtig*
   Der innerhalb der Worte wandernde Luftlaut R, der immer wieder neu gegriffen werden muss, plastiziert den Sprach- und Atemstrom.

4. *Redlich ratsam*
   Rüstet rühmlich
   Riesig rächend
   Ruhig rollend
   Reuige Rosse

Diese Übung ist ganz rhythmisch. Das R gibt hier nur noch die Anfangsimpulse. Durch das Versmaß wird die Sprache wiederum musikalisch.

5. *Protzig preist*
   Bäder brünstig
   Polternd putzig
   Bieder bastelnd

Puder patzend
Bergig brüstend

Alliteration und Rhythmus der vierten Übung werden aufgegriffen. Die sehr plastischen Laute P und B wirken nun über die Artikulation der Lippenmuskulatur auf die Stimme. Mit P wird diese nach außen gestoßen, mit B gerundet und so ein geschlossener Klangraum aufgebaut.

Vergleichen wir diese fünf Übungen mit den ersten vier Übungsgruppen, fällt auf, dass auch hier die vier Wesensglieder angesprochen werden, in diesem Fall aber über die vier Elemente. Die erste Übung beruht auf dem deutlich im Raum erscheinenden Schritt der einsilbigen, durch Stoßlaute stark geformten Artikulation der Worte. In der zweiten Übung beginnt die Sprache zu fließen, wird also wässrig-musikalisch. Übung drei führt den Sprechvorgang in die Luft und plastiziert diese, während die vierte Übung, ebenfalls vom Luftlaut R ausgehend, das Luftelement rhythmisiert. Wärme und Kraft werden erzeugt und bilden sich ab in der letzten Übung. Warum aber zwei R-Übungen? Die beiden Seiten des Astralleibes – die am Physisch-Ätherischen gestaltenden (plastisch) und die vom Ich geordneten, rhythmisierten Seelenkräfte (musikalisch) – wurden hier sinnvoll differenziert abgebildet.

Diese ersten fünf Übungen stehen wie stellvertretend für die vier grundsätzlichen Übungsgruppen, in denen Artikulation, Atmung, Geläufigkeit und die Stimme geschult werden. Sie zeigen den gleichen Aufbau: Form, Leben, Beweglichkeit und Klang, oder Erde, Wasser, Luft und Feuer – beides entsprechend den Wesensgliedern. Einen weiteren Aspekt zur Viergliedrigkeit greift Rudolf Steiner in der Übungsreihe für die vier sprachlichen Qualitäten auf, in der es um deutliches, flüssiges, geschlossenes und gegliedertes Sprechen geht.

Das Thema der Polarität zieht sich durch den ganzen Übungsweg als das sprachliche Urbild einer plastisch-musikalischen Menschenkunde. Es erscheint in den beiden Atemübungen «Erfüllung geht» (plastisch) und «In den unermesslich weiten Räumen» (musikalisch) und deren Entsprechungen auf der konsonantischen und vokalischen Lautebene: KLSFM und AEU. Ähnliches lässt sich auch bei den Geläufigkeitsübungen erkennen: Die acht Übungen zeigen sich zweigeteilt. In der ersten Gruppe wird die Wendigkeit vorwiegend in der dem Astralleib zugeordneten Zahn-Zungenregion geübt und ist von kräftigen, fast scharfen Blaselauten durchzogen. Im zweiten Teil wird die Stimme kontinuierlich in die Ich-Zone der Lippen geführt, womit die folgenden Stimmstellübungen vorbereitet werden. So findet das sprachliche Turnen erst auf der physisch-lebendigen Ebene, dann im vom Ich ergriffenen Luft-Seelen-Prozess statt. Auffällig in diesen astralisch tangierten Sprechturnübungen sind die sprachlichen Bilder der verschiedenen Tiere (Lurch, Pferd, Krebs, Schlange), die sich gerade in diesen Übungen häufen und so auch die seelische Beweglichkeit anregen.

Der Wechsel zwischen plastischen und musikalischen Kräften findet sich auch in der Aufteilung der Stimmstellübungen wieder. Hier geht es um die Polarität von Blut- und Nervenvokalen. Letztere werden wiederum differenziert in ihrer Wirksamkeit nach außen (I) oder nach innen (E).

Diese eng mit der Sprachkunst verbundenen menschenkundlichen Zusammenhänge wurden 1920 bis 1923 in den Vorträgen zur Kunst der Rezitation und Deklamation, die Rudolf Steiner in Dornach, Wien und Stuttgart vor den

Mitgliedern der anthroposophischen Bewegung gehalten hat, geisteswissenschaftlich vertieft. Der ganze Mensch erscheint dort als Produkt sprachkünstlerischer Prozesse, die eingebettet sind in den Blut- und Atemrhythmus, was sich musikalisch in der Rezitation und plastisch in der Deklamation ausdrückt und übend erfahren werden kann.

Zwei Gesichtspunkte zum Schulungsweg der Sprachgestaltung seien hier noch hervorgehoben. Zum einen wird deutlich, dass die sprachkünstlerischen Mittel Laut, Silbe, Rhythmus, Klang, Dynamik, Bild und Sprachgestus konsequent eingesetzt und durchgehend in einen menschenkundlichen Kontext gebracht werden. Zum anderen ist der Übungsweg der Sprachgestaltung ein Weg der menschlichen Genese durch das schöpferische Weltenwort. Der Übende findet die Kräfte des Makrologos im eigenen Sprachorganismus als Mikrologos wieder. Es geht auch hier nicht um ein gutes oder schönes, sondern um ein wahres Sprechen, im Sinne eines tätigen Erfahrens der spirituellen Zusammenhänge des Menschen mit dem Wortwesen im eigenen Sprachorganismus. Der sprachliche Übungsweg ist somit ein allgemeiner, für jeden Menschen gültiger und notwendiger Schulungsweg, wenn wir den Sprachkünstler in uns wiedererwecken wollen.

Die geisteswissenschaftlichen und menschenkundlichen Bezüge, die auf diesem Weg bis in die einzelnen Laute hinein erfahrbar werden, zeigen aber auch, wie schwierig es ist, diese Übungen in andere Sprachen zu übersetzen, auch wenn es selbstverständlich notwendig ist, um diesen so wesentlichen Impuls Rudolf Steiners zu verbreiten. Sie jedoch im deutschsprachigen Raum durch Zungenbrecher oder konventionelle Atemübungen etc. zu ersetzen, weil man glaubt, dadurch mehr dem Geschmack des Zeitgeistes zu entsprechen, erscheint im Hinblick auf die obigen Ausführungen als nicht angemessen.

Beispiel einer therapeutischen Übung: Das Sprach-Ich erzieht den Astralleib

Wenn man in einer ganz bestimmten Weise, in einer gesangartigen Sprache, immer und immer wieder, jeden Tag Sachen wiederholen lässt, dann geht auch die Schilddrüse zurück.[64]

Die Möglichkeit, im Falle einer Erkrankung durch entsprechende Sprachübungen auf den menschlichen Organismus einzuwirken, ergibt sich aus den bisherigen Darstellungen: Das, was der Sprachkünstler im Menschen erschaffen hat, kann wiederum vom künstlerischen Sprechen heilsam beeinflusst werden. Man denke nur an den Hinweis Rudolf Steiners, dass wir über die Einatmung kosmische Lautformen aufnehmen, mit denen unsere Organe ausgeflickt werden.[65]

Welche sprachlichen Elemente werden nun eingesetzt, wenn gezielt therapeutisch auf den Organismus des Übenden eingewirkt werden soll? Im Falle der Schilddrüsen-Übung können wir nur staunen über die zahlreichen sprachkünstlerischen Mittel, deren therapeutische Wirkprinzipien detailliert und mit sprachkünstlerischer Fantasie genutzt werden. Die Übung wird sowohl bei Über- als auch bei Unterfunktion der Schilddrüse eingesetzt. Zum Verständnis des Aufbaus ist es wichtig zu wissen, dass alle Störungen, die dieses Organ betreffen, mit zu starken oder zu schwachen astralischen Impulsen zusammenhängen. Diese Thematik wird sprachlich aufgegriffen und konsequent durchgeführt. Im Folgenden wird auf einzelne sprachkünstlerische Gesetzmäßigkeiten hingewiesen, wobei besonders die durch das Sprechen im Menschen angeregten Prozesse innerhalb der Wesensglieder im Fokus stehen sollen.

An Angegebenes sieh innig hin.
Wiege Wagnis wenig wegen Wogenwind.
Bete bittend und tue die Tat.
Gib biegend die Gabe ab.
Kein Nickel lasse sich auch im Kasten kleben.
Wenn wüstes Wasserstauen wenig wohl winkt wird winzig.
Errette redend den netten Retter redender Erdenrede.

Die Übung beginnt in der ersten Zeile mit den Vokalen A E I in ihrer natürlichen Reihenfolge von hinten nach vorne* und zahlreichen N-Lauten. Dieser nasale, musikalisch schwingungsreiche Laut bewirkt ein Durchvibrieren und Durchlüften der Nebenhöhlen, sodass sich die zur Verfestigung neigende Kopforganisation zu lösen vermag. Das N wird mit der Zunge in der Sprechzone, die mit den astralen und denkenden Kräften verbunden ist, gebildet und durchzieht die ganze Übung. Ebenso ist das W sehr häufig vertreten, ein Wärme-Laut, der an Lippen und Zähnen geblasen wird und somit einen Ich-Impuls in die astralischen Prozesse bringt. In dieser Übung erscheint er jedes Mal alliterierend, also zusätzlich willensbildend.

* Rudolf Steiner beginnt mit diesen drei Vokalen viele seiner Sprachübungen. In dieser Reihenfolge regen sie das Sprechen an, da sie die Stimme von hinten nach vorne und von innen nach außen führen.

Auffallend in der ersten Zeile sind die Wiederholungen der Anfangssilben, welche am Beginn der Übung eine zögernde, fast träumerische Stimmung hervorrufen. Wässrig-musikalisch wird mit A und N begonnen, dann ergibt sich eine deutliche Festigung durch die Stoßlaute und E-Wiederholungen, um dann richtungsweisend in S, I und N zu enden. Der Übende kann sich wie ans Ufer eines Gewässers treibend erleben: An An …, betritt festes Land: Ge ge be nes … und folgt dann der vorgegebenen Richtung: Sieh innig hin. Ein Sprachbild, das der Entstehung der Schilddrüse innerhalb der Evolution entspricht.

Besonders der gezielte Einsatz der Sprechzonen ist in dieser Übung sehr auffällig. In der zweiten Zeile wird in jedem Wort zwischen W (Lippen/Ich/Gefühl) und G (Gaumen/Lebenskräfte/Wille) «gependelt», was ein Gefühl des Auf-der-Stelle-Tretens bewirkt, bis schließlich das Wort «Wind», bildlich wie lautlich, Bewegung und Lösung bringt. In der dritten Zeile wird gleich mit dem Hüllen-Laut B auf den Lippen begonnen (Ich-Region), dieses Mal der Ansatz aber nicht nach hinten zum Gaumen, sondern nur bis an die astrale Sprechzone der Zungenspitze geführt. Rudolf Steiner wählt dafür das T, einen stoßenden und noch nicht stützenden Erd-Laut.

In der vierten Zeile ist die Richtung umgekehrt: Es wird mit G im Gaumen, in der Willenszone der Lebenskräfte, begonnen, und dann die Sprache nach vorne auf die Lippen geführt. Dieses Mal wird die Stimme jedoch von G und B gestützt und umschlossen, dann im A gelöst und wiederum vom B aufgefangen. Erneut wird die astrale Sprechzone umspielt, die Lautgriffe werden verdeutlicht durch Verdoppelung, indem der Endlaut zum Anfangslaut wird und die Silben sich spiegeln.

Bei der fünften Zeile geht es vor allem um eine saubere Gliederung (Ich-Aspekt), die durch die oben erwähnte Variante (Endlaut wird Anfangslaut) verstärkt wird. Eine gewisse Disziplin ist hier gefordert, eine Wendigkeit, etwas abzuschließen und dann das Neue zu ergreifen. Diese Zeile braucht durch die vielen Konsonanten eine besondere Präsenz und sprachliche Geschicklichkeit. In der vorletzten Zeile wird wieder (die zweite Zeile spiegelnd) das W alliterierend eingesetzt und mit zahlreichen feurigen Blaselauten verbunden, während die Vokale sich im Umfang steigern: E Ü A AU, um dann im zweiten Teil in eine gezielte Verkleinerung geführt zu werden: E O I I I I. Es entsteht der Eindruck eines seelischen Aufblähens, das dann in sich zusammenfällt und verschwindet. Der Sprechende richtet sich in diesem Prozess an den vier I-Lauten auf.

Rudolf Steiner benutzt in dieser Übung fast ausschließlich die Nervenvokale E und I und das den Nervenvokalen benachbarte A, was der seelischen Komponente, die bei einer Schilddrüsenerkrankung im Vordergrund steht, Rechnung trägt. Ein sprachliches Meisterwerk findet sich dann in der siebten und letzten Zeile der Übung: 17 Mal erscheint hier das E in Folge: ein Vokal, der das Nervensystem nach innen festigt und beruhigt. Erst jetzt kommt mehrfach der Luftlaut R zur Wirkung: ausnahmslos eingebettet und gestützt von den ausschließlich in der Sprechzone der astralen Denkkräfte gebildeten Laute T, D und N. Lautlich gesehen haben wir in dieser Übung also ein ständiges, vom sprechenden Ich geführtes und nach allen Regeln der Kunst differenziertes Umspielen der astralen Sprechzone, bis diese ins Gleichgewicht gebracht und konsolidiert wird. Als Mittel benutzt Rudolf Steiner hierfür die verschiedenen Ansätze der Sprechzonen und die unterschiedlichen Lautgesten mit ihren entsprechenden Wirkungen. Zusätzlich werden Alliteration, Silben-Verdoppelung (An an ge ge(benes)) und Silben-Palindrome (z. B. «Gib biegend») eingesetzt. Sowohl durch die sprachlichen Bilder als auch die Wahl der Laute werden entsprechende dynamische Prozesse angeregt und therapeutisch genutzt.

Da von der heilenden Wirkung eines «gesangartigen Sprechens» die Rede ist, sollte dieser Hinweis beim Sprechen der Übung berücksichtigt werden und die Laute und Rhythmen sollten musikalisch mitempfunden werden. Das ständige Wechseln der Sprachrhythmen entspricht in dieser Übung Steiners Umgang mit den Sprechzonen: Es ist ein Hin- und Herspielen zwischen steigenden (anregenden) und fallenden (beruhigenden) Rhythmen. Diese Vorgänge sind den sprachlichen Bildern angepasst und in den letzten drei Zeilen klar strukturiert: Diese fangen alle mit steigendem Rhythmus an, der dann mit der Zäsur des Satzes längenbetont in eine ruhige Ausatmung geführt wird. Auch hier gilt: Seelische Prozesse werden sprachlich ergriffen, nachgespielt, in ihrer Polarität ausgelotet und dann gezielt geordnet und beruhigt.

Es lohnt sich bei dieser Übung durchaus, auch einen Blick auf die in den Sprachbildern versteckten Inhalte und Gesten zu werfen, welche nicht nur die sprachkünstlerischen Fähigkeiten Rudolf Steiners dokumentieren, sondern auch die erstaunliche Vielschichtigkeit, mit welcher er die verschiedenen Wirkungen der Sprache einsetzt, die wir gemeinhin gar nicht ins Bewusstsein heben.

Diese Übung, die über den Nerven-Sinnes-Organismus die astralen Seelenvorgänge ergreift und neu strukturiert, besteht aus sieben Zeilen, was dem Rhythmus des Astralleibes entspricht. In diesen sieben Zeilen sind sieben Imperative verborgen:

Sieh hin!
Wiege Wagnis wenig!
Bete bittend!
Tue die Tat!
Gib die Gabe ab!
Kein Nickel lasse sich kleben!
Errette redend den Retter!

Selbstverständlich sind auch diese Aufforderungen ganz aus den Elementen einer sprachkünstlerischen Menschenkunde entstanden, die unmittelbar in die heilenden Wirkprinzipien der Sprache durch den differenzierten Einsatz der verschiedenen Sprechzonen und Lautbildungen übergehen. Dieses erscheint für das übliche rationale und begriffliche Denken erst einmal nicht greifbar. Es entspricht jedoch immer bis in die Bilder hinein den sprachkünstlerischen Gesetzmäßigkeiten. Wir können die in der Übung verborgenen Aufforderungen in unsere Alltagssprache übersetzen. Dann heißt es: Sieh ernsthaft hin auf das, was da ist! Wäge nicht so viel ab, sondern sammle dich im Gebet und handle dann! (Ora et labora.) Lass los, sowohl im Sprechen als auch beim Anliegen, besitzen oder festhalten zu wollen! Rette durch deine Sprechweise das gekränkte Organ!

Schaut man diese Zeilen unter dem Aspekt der sprachlichen Menschenkunde an, dann kann man bemerken, wie das Gestalten der einzelnen Laute an den jeweiligen Sprechzonen bereits das vom Ich gegebene Gebot erfüllt. Der Sprechende bekommt also die unmittelbare Möglichkeit, schon im sprachlichen Üben die gestellten Aufgaben zu verrichten. So unterstützen zum Beispiel die vier I-Laute am Ende der ersten Zeile das intensive Hinschauen. Ein Zögern durch zu viel gedankliches Abwägen wird in der zweiten Zeile durch das Pendeln und «Gefangensein» zwischen W und G nachgespielt und dann aufgelöst. Im B wird bereits die ruhige, einhüllende Kraft des Betens oder Meditierens nachgeschaffen und im T ein Tätigsein nach außen angeregt.

Die Aufgabe der fünften Zeile liegt in der Kunst, die Endlaute nicht mit den gleichen Anfangslauten verschmelzen zu lassen. Das braucht ständig neue Griffe und dafür muss der Schlusslaut dezidiert losgelassen und der Anfangslaut immer neu ergriffen werden. In der letzten Zeile schließlich besteht die Rettung in der Beruhigung der astralen Kräfte (R) durch die deutliche Laut-Stütze in der astralen Denk-Zone und die erzeugte Haltekraft durch die vielen E-Laute.

Die Schilddrüse ist als Nachbarorgan des Kehlkopfes eng mit den sprachlichen Gefühlsnuancen verknüpft. Dementsprechend passen die sieben Gebote der Übung auch zu der Anmerkung Steiners:

> *… wenn möglich mehrmals täglich. Außerdem auf Charakteranlagen achten, z. B. ob man nicht bald nachlässt, wenn man sich vornimmt, irgendetwas zu tun, was längere Zeit hindurch regelmäßig durchgeführt werden muss und zwar nicht, was man auf eine äußere Autorität hin vornimmt, sondern aus eigenstem Entschluss. Es ist sehr gut, da bei der Stange zu bleiben und sich nicht gehen zu lassen. Dann sich eine gewisse Gleichgültigkeit abzugewöhnen, die man vielleicht mehr als andere manchen Dingen gegenüber hat, die einen doch angehen könnten …*[66]

Auf einen Blick

Die Übung entspricht in jedem Detail dem Anliegen, über den Nervenorganismus auf die aus dem Ruder gelaufenen seelischen Prozesse einzuwirken und diese vom Ich her neu zu strukturieren und zu konsolidieren.

Sieben Zeilen entsprechen dem Rhythmus des Astralleibes.

Sieben Gebote des Ichs an den Sprechenden werden thematisiert und dann durch ein bewusstes Ergreifen der Sprechzonen und Lautbildungen entsprechend befolgt.

Anregung des Sprechwillens durch die Vokalfolge: A E I.

Prädominanz der Nervenvokale I (hinaus gerichtet) und E (nach innen festigend). Die Entwicklung geht deutlich vom I aus und kulminiert dann in den 17 E-Lauten der siebten Zeile.

Konsolidierung des Astralleibes durch die zahlreichen Zahn-Zungenlaute in der Sprechzone des Denkens, die ausnahmslos in der letzten Zeile angewendet werden.

Sprachliches Nachspielen der Polarität von Nerven-Sinnes-Leben und Stoffwechsel: innen – außen, vorne – hinten, weite und verengte Mundstellung, zunehmende und abnehmende Dynamik und ein Abwechseln von steigenden (anregend) und fallenden (beruhigend) Rhythmen.*

* Mehr zu dieser Übung findet sich in: Dietrich von Bonin: Materialien zur therapeutischen Sprachgestaltung, Verlag Förderstiftung Anthroposophische Medizin im Verlag am Goetheanum, 2008, S. 106.

III Die Sprachkunst und die Geisteswissenschaft

Nicht nur für Schauspieler: Der Kurs für Sprachgestaltung und Dramatische Kunst

So erhielt er den breiten Menschheitszug …[67]

Eine Fülle von wegweisenden Angaben zur Sprachkunst und ihrem Zusammenhang mit dem Menschen und seiner Entwicklung findet sich in den Vorträgen zum Dramatischen Kurs. Rudolf Steiner selbst betrachtete seine Ausführungen als «ersten Akt», in der Hoffnung, dass weitere Akte zukünftig erarbeitet würden. Dieses ist in vielerlei Hinsicht – oft auch durch ganz individuelle Initiativen – geschehen.

Marie Steiner berichtet in ihrem Nachwort zur ersten Auflage des «Kursus über Sprachgestaltung und Dramatische Kunst», dass sich so viele Teilnehmer aus verschiedenen Berufen eingefunden hätten, dass der eigentlich vorgesehene Rahmen gesprengt wurde und die Inhalte der Vorträge zu einem großen Teil nicht nur an die Schauspieler gerichtet waren, sondern eine allgemein menschheitliche Gültigkeit bekamen. Auch hier zeigt sich wieder die für das Wesen der Sprache einmalige Universalität, die alle Menschen und ihre Entwicklung betrifft und mit den letzten öffentlichen Vorträgen wie ein Vermächtnis in die Verantwortung jedes Einzelnen gegeben wurde. Die hohe Bedeutung, die Rudolf Steiner der «Ur-Kunst» Sprache, von der alles ausgegangen ist und in die alles wieder einmünden wird, gegeben hat, sollte ernst genommen werden. Alle Künste sind in ihr, selbst in unserem Alltagssprechen, unmittelbar wirksam anwesend: Satzarchitektur – plastische Konsonantenformen – Lautmalerei und Bildhaftigkeit – Klangfarben und Satzmelodie – der Tanz der Silben im Sprachrhythmus, die mimischen Veränderungen durch die Artikulation und die mit unserem Sprechen verbundene Gestik. Letzten Endes ist auch die Entwicklung einer sozialen Kunst ohne eine sprachliche Ethik nicht denkbar.

So enthält auch der sogenannte «Dramatische Kurs» zum größten Teil keine bloßen Anleitungen für das Schauspiel, sondern wesentliche und umfassende Hinweise zu den spirituellen Hintergründen der Sprachkunst und ihrem Zusammenhang mit Leib, Seele und Geist. Wissenschaft (menschenkundliche Bezüge), Religion (die anzustrebende sakrale Seelenhaltung gegenüber den Lautwesen) und Kunst (das schöpferische und weltengestaltende Wortwesen) werden unter sprachkünstlerischen Gesichtspunkten zusammengefasst. Werfen wir unter diesem Aspekt einen Blick auf die Gliederung der 19 Vorträge.

An den ersten sieben Tagen wendet sich Rudolf Steiner dem Thema der «eigentlichen Sprachgestaltung» zu und vertieft und verdeutlicht die wesentlichen Hintergründe von Sprache und Sprechen. In seinen Ausführungen weist er auf die Aufgabe hin, die sprachlichen Elemente bis in die kleinste Einheit der Lautbildung hinein nachzuschaffen und das begriffliche Hören und Sprechen durch ein künstlerisches zu ersetzen:

Vor allen Dingen widerspricht dem künstlerischen Geist, dass wir gegenwärtig eigentlich im unmittelbaren Leben keine Laut- und Wortempfindung mehr haben, sondern eigentlich eine Ideenempfindung. Wir empfinden durch das Wort durch zum Sinn des Wortes hin, zu der Idee des Wortes.

Wir haben eigentlich das Verstehen im Hören ganz verlernt und wollen im gewöhnlichen Leben überhaupt nurmehr das Hören im Verstehen vertragen.[68]

Das Unbewusste der Lautbildung müsse wieder ins Bewusstsein gehoben werden, wenn das Sprechen vom Nichtkünstlerischen in das Künstlerische gehoben werden soll (1. Vortrag). Die verschiedenen Bereiche der Metrik und Poetik, die einzelnen Stilrichtungen, Rhythmen, Lautgruppen, Sprechzonen, die menschliche Gestalt, Gebärde und Mimik, Seelenstimmungen und Wesensgliederbezüge werden so dargestellt, dass die im Menschen schaffende Sprachwesenheit aufleuchtet und sich in ihrer Tätigkeit als Sprachkünstler bis in die leibliche Organisation hinein offenbart.

Die sich anschließenden sieben Vorträge widmen sich thematisch vorwiegend der Regie- und Bühnenkunst. Jedoch werden auch hier immer wieder sprachliche Aspekte eingebracht, zum Beispiel bei der Veränderung der Mimik durch verschiedene Lautstimmungen oder durch die Anregung, eine bestimmte Rolle in der ihr gemäßen seelischen Lautfärbung zu erfassen und darzustellen.* Rein technische Hinweise zum Sprechen oder Spielen, wie sie sonst in Schauspielschulen üblich sind, gibt es so gut wie keine. Nicht ohne immer wieder darauf hinzuweisen, wie bedeutsam die Wiedergewinnung einer lebendig-spirituellen Sprache für die Menschheitszukunft sei, regt Rudolf Steiner

* Zum Beispiel im 11. Vortrag: Gebärde und Mimik aus der Sprachgestaltung heraus.

in seinen Vorträgen bei den Teilnehmenden vor allem eine veränderte Seelenstimmung und Geisteshaltung gegenüber der Sprach- und Schauspielkunst an, die er «eine Wesensoffenbarung des ganzen Menschen» nennt.

Im 10. Vortrag, der die Mitte der Vortragsreihe darstellt, schildert Rudolf Steiner «den Mysteriencharakter der dramatischen Kunst» und spricht von einer Schauspielkunst «aus dem Kultus heraus». Je geistiger die Auffassung dieses Berufes sei, desto künstlerischer könne er ausgeübt werden. Diese Aussage verdeutlicht noch einmal, wie wesentlich für das rechte Verständnis des anthroposophischen Sprachimpulses das Erkennen der geistigen Zusammenhänge ist.

So führen dann auch die letzten fünf Vorträge im dritten Teil des Zyklus (Die Schauspielkunst und die übrige Menschheit) ganz in die Tiefen einer sprachkünstlerischen Esoterik, die bis hinein in die Physiologie der Laute und ihrer Wirkungen entwickelt wird. Diese letzten Vorträge sind durchzogen von einer sakralen Haltung der Hingabe und Andacht. Der Schauspieler brauche eine Umwandlung der Empfindungen und solle sich gegenüber der ganzen Kunst mit einer religiösen Stimmung durchdringen. Wird in aller Selbstlosigkeit in die Lauterfühlung hineingegangen, dann werde diese Kunst *zu einer wirklichen Art von Opferdienst, durch den das Geistige in die Welt des Physischen hereingetragen wird.* Die Teilnehmer sollten die Laute als Offenbarung des Geistigen, als göttliche Lehrmeister erleben, welche die Sprache und den Menschen gestalten. Um aus dieser Stimmung heraus tätig zu sein, brauche es eine fast *gebetsartige Hingabe.*[69]

Rudolf Steiner übergibt in seinem Schlusswort die Vorträge zum Dramatischen Kurs, die er nach eigenen Worten *mit wirklicher Liebe und Achtung für die Sache* gehalten hat, *zur Beherzigung an diejenigen, welche in der Lage sind, ihnen verständnisvoll entgegenzukommen.* So darf dieser Zyklus nicht auf ein Fachbuch für die Bühnenkunst reduziert werden. Machen wir uns bewusst, in welchem Kontext diese Vorträge gehalten wurden, zeigen sich wesenhafte Zusammenhänge.

Rudolf Steiner hielt die Vorträge zur Sprachgestaltung und dramatischen Kunst vom 5. bis 23. September 1924 in Dornach. Parallel zu diesen fanden für Priester und Ärzte der Zyklus zur Pastoralmedizin (8.–18. September) sowie die Vorträge zur Apokalypse für die Priester der Christengemeinschaft (5.–22. September) statt. Dazwischen gab es nur noch einige wenige Veranstaltungen für die Mitglieder und Arbeiter. Vor den Arbeitern hielt Rudolf Steiner am 24. September seinen letzten öffentlichen Vortrag. Er schloss ihn mit den Worten: *Der menschliche Atem lebt im Sonnengang. Das ist ungeheuer wichtig.*[70]

Hier sei auf den bedeutsamen Zusammenhang mit dem Hexameter hingewiesen, dessen menschenkundliche und kosmische Bezüge mehrfach von Steiner thematisiert wurden, sowie auf die von ihm verschiedentlich angesprochene Veränderung der Atmung durch das Sprechen. Denn der Sprechatem, der sich nach den Lauten und sprachlichen Intentionen richten soll, verbindet sich in der künstlerisch gestalteten Sprache mit dem Wortwesen, statt – wie es noch in der griechischen Kultur der Fall war – mit luziferischen Wesenheiten. *Die Laute und ihre Verbindungen regulieren den Atemstrom.*[71] Also auch in diesem Vortrag klingt die sich aus den bisher geschilderten Zusammenhängen ergebende Trilogie von Sprechkunst, Atem-Verwandlung und dem Sonnenwesen des Christus an, die in den folgenden

Kapiteln im Zusammenhang mit den letzten öffentlichen Vorträgen Rudolf Steiners näher beleuchtet werden soll.

Christus als Sprachkraft im Menschen

Wir dürfen nicht vergessen, wenn wir Gestalter des Wortes werden wollen, dass im Urbeginne das Wort war …, das weisheitserfüllte Wort. Es muss da religiöse Stimmung hineinkommen.[72]

Die letzten drei Vortragszyklen Rudolf Steiners zeigen bedeutende Übereinstimmungen. Der Dramatische Kurs ist durchzogen von konkreten menschenkundlichen Hinweisen zu einer sprachlichen Physiologie, die in den Lauten, den «göttlichen Lehrmeistern», urständet. Durch die Arbeit am und mit dem Mikrologos wird der Mensch wieder an seinen wahren geistigen Ursprung angeschlossen. Mit einer entsprechenden religiösen Seelenhaltung der Andacht und Hingabe können unsere Sprechgewohnheiten verwandelt und so der Sprachkünstler in uns wiedererweckt werden. Dann erst kann der Mensch die geisteswissenschaftlichen Inhalte ihrem wahren Wesen nach aufnehmen und sie in entsprechender Weise wiedergeben.

In den zeitgleich gehaltenen Vorträgen zur Apokalypse weist Rudolf Steiner ebenfalls umfassend auf die wesenhafte Kraft des Wortes hin und thematisiert zudem eindrücklich den Verfall unserer Alltagssprache:

Die Menschheit hat ja die Laute der Sprache, die eigentlich ein so großes Mysterium umschließen, in einer merkwürdigen Weise behandelt. Die Menschheit hat die Laute der Sprache behandelt, wie ein Polizeisoldat einen Verbrecher behandelt.

Sie hat die Laute der Sprache nummeriert, wie wir die Verbrecher nummerieren, wenn sie in die Zelle kommen. Und wie sie da ihre Namen verlieren und Nummern bekommen, so haben auch die Laute durch die Nummerierung ihre Wesenheit überhaupt verloren.[73]

Wie im Dramatischen Kurs spricht Rudolf Steiner auch vor den Priestern über die Laute als göttlich-geistige Wesenheiten. Diese haben in der Gegenwart ihre Geistigkeit verloren und sind inzwischen von ahrimanischen Mächten durchzogen. So heißt es im gleichen Vortrag:

Wir haben heute das, was in alten Zeiten ein höchstes Geistiges war für die Menschen, die Laute der Sprache, abgeschattet zur Trivialität. Wir müssen fühlen können, was da geschehen ist … Die Götter von ehemals haben die Laute verlassen, ahrimanische Wesenheiten sind eingezogen. Und wenn wir nicht wieder den Weg zurück finden auf diesem Gebiet, dann wird der Mensch schon durch die Sprache sich immer mehr mit ahrimanischen Mächten durchdringen.[74]

(An anderer Stelle heißt es: *Die Sprache ist aus der Phantasie hervorgegangen; sie geht der Verstandesentwicklung voran. Der Krebsschaden unserer Zeit ist, dass es heute so viele gescheite Menschen und so wenig Künstler gibt.*)[75]

Die morgendlichen Vorträge zur Sprachgestaltung und Dramatischen Kunst zeigen einen Übungsweg, der die Sprache wieder in einen göttlich-geistigen Zusammenhang zu bringen vermag.

Der Pastoralmedizinische Kurs geht unter anderem in besonderer Weise auf den menschlichen Atem im Zusammenhang mit vergangenem und zukünftigem Karma ein und endet mit einem vertieften Verständnis für das Mysterium von Golgatha:

Des Christus Weg nach Golgatha: die höchste Kulmination des Arztweges. Des Christus Weg von Golgatha weiter: die höchste Kulmination des Priesterweges.[76]

Es liegt in der Wesenheit des Wortes, dass es sich in der Erschaffung des Menschen verleiblicht hat, um dann wiederum im menschlichen Sprechen zu erscheinen und zur Auferstehung kommen will.

So war die Erneuerung der alten Mysterien in Sprach- und Heilkunst sowie Religion durch den Christusimpuls Inhalt und Anliegen der letzten öffentlichen Vorträge Rudolf Steiners. Tatsächlich sind die dafür verantwortlichen Berufsgruppen in besonderer Weise mit dem schöpferischen Weltenwort verbunden: die Priester, indem sie die Christuswesenheit mit einer für den Kultus zubereiteten Sprache wirksam werden lassen, und die Ärzte, die sich den menschlichen, vom Sprachgeist geschaffenen Hüllen, also dem Fleisch gewordenen Wort zuwenden. Beide kommen, wenn sie sich ganz mit dem Mysterium von Golgatha durchdringen, zu einem neuen Verständnis von Krankheit und Heilung.

Das Mysterium von Tod und Auferstehung wird im von Rudolf Steiner initiierten Sprachimpuls real erfahrbar. Dieses wird im folgenden Kapitel näher ausgeführt. Im Sprechen lebt der Mensch den Geist, wenn er das Ich bewusst über die Schwelle des Mundes führt und mit den der Luft einverleibten Sprachformen neues Leben gestaltet. Unsere Hüllennatur, das Gewordene, wird im Menschenatem wieder zu lebendiger Wortschöpfung. Dieses Ereignis sollte durch die Sprachgestaltung hörbar und durch die Eurythmie sichtbar gemacht werden.

Auch in anderen wesentlichen Zusammenhängen werden die anthroposophisch erweiterte Heilkunst, die Eurythmie und die Sprachkunst gemeinsam angeführt und wird ihre Bedeutung thematisiert. So weist Rudolf Steiner im Eröffnungsvortrag zur Weihnachtstagung 1923/24 darauf hin, dass alle drei aus dem «Grundnerv der Anthroposophie» hervorgegangen seien. Dieser Grundnerv ist das Wesen und Wirken des Weltenwortes an und im Menschen. Im Zyklus «Das Initiaten-Bewusstsein» (ebenfalls 1924, also gegen Ende der Vortragstätigkeit gehalten) werden Eurythmie und Sprachgestaltung als Brücke zwischen Geist und Stoff und Stoff und Geist in einen Initiaten-Zusammenhang gebracht, zu dem auch die initiierte Medizin gehört.[77] Auch dieser Hinweis führt zu den Logos-Mysterien, denn der Christus ist *die lebendige Brücke zwischen dem Leben der Erde und dem Leben in überirdischen Welten.*[78] Erinnern wir uns in diesem Zusammenhang noch einmal an den Hinweis am Ende des Dramatischen Kurses, dass die Lauterfühlung zu einer Art von Opferdienst werden müsse, *durch den das Geistige in die Welt des Physischen hereingetragen wird.*

Im Sprechen bauen wir diese Brücke ständig von Mensch zu Mensch, indem wir unsere Gedanken, Gefühle und Willensintentionen in Worte fassen und einander mitteilen. Durchdringen wir unsere Sprache mit dem Sprachgenius und erwecken wir die sprachkünstlerische Christuskraft in uns zum Leben, dann führen wir das Stoffliche wieder zum Geist und durchgeistigen zugleich das Materielle.

Andere Hinweise Rudolf Steiners können diese Thematik noch vertiefen. In seinen Ausführungen über den Sprachgeist wies er darauf hin, dass dieser in den verschiedenen Sprachen als ein Einheitliches lebt:

> *Diese geistige Einheit in den Sprachen geht aber verloren, wenn diese ihre ursprüngliche, elementarische Lebendigkeit abstreifen und von dem Geist der Abstraktion erfasst werden … Denn auch zwischen Menschen, die verschiedene Sprachen sprechen, wird das Trennende hinweggeräumt, wenn ein jeglicher in seiner Sprache das Anschauliche erlebt.*[79]

Auch diese Äußerung verweist uns wieder auf den Zusammenhang zwischen dem Sprachgenius (dem Sprachkünstler) und der Christuswesenheit. Dass ein durchchristetes sprachkünstlerisches Erleben Brücken zu schlagen vermag zwischen den nach Sprachen getrennten Nationen, ist für unsere Betrachtungen wesentlich: Denn nur, wenn wir zu einem vertieften Erlebnis des Mysteriums von Golgatha kommen, werden wir wissen,

> *was gemeint ist mit den geisteswissenschaftlichen Impulsen, die hereinkommen wollen in die Gegenwart. Dann wird jener Christus-Impuls die Menschheit durchdringen, den wahrhaftig alle Menschen annehmen können, weil der Christus nicht einer Nation erschienen ist, sondern weil er das hohe Sonnenwesen ist, das der ganzen Erde angehört …*[80]

Am 28. September 1924 hält Rudolf Steiner seine letzte öffentliche Ansprache, die er aus gesundheitlichen Gründen abbrechen musste. In dieser versucht er mit auffallend innigen Worten, die Herzen der Zuhörenden durch eine «künstlerische und dichterische» Stimmung zu einem neuen Erleben des Zeitgeistes Michael aufzurufen. In einer gewaltigen Imagination weist dieser den Menschen an, Welten-Logos in Menschheits-Logos umzuwandeln. Ganz von der Christussonne umkleidet, zeigt sich Michaels Wirken hier durchdrungen von den Welten begnadenden Geistesmächten, in denen der Christus sich offenbaren will.[81] Die Hand, die bisher mahnend auf den Drachen zeigte, weist nun den Geistesschüler hin auf die leuchtende, von Liebe durchdrungene Wortwesenheit des Christus. Dieser zu folgen, sollte zum Kern der anthroposophischen Geistesschulung werden.

Wenige Tage zuvor hatte Rudolf Steiner den Zyklus über die Apokalypse ebenfalls mit einem Hinweis auf Michaels Wirken abgeschlossen:

> *Denn das, um was es sich handelt, ist, dass die Götter- und Menschenwege in der Gegenwart sich zusammenfinden. Michael wird der große Vermittler sein zwischen Götterwegen und Menschenwegen.*[82]

Das Anliegen dieser vermächtnisartigen letzten Vorträge erscheint in der beschriebenen Verdichtung wie ein michaelischer Weckruf, die alten Mysterien durch den Christusimpuls zu erneuern, wie es auch an anderer Stelle als michaelische Aufgabenstellung von Rudolf Steiner beschrieben wurde: *Die Fleischwerdung des Wortes ist die erste Michael-Offenbarung, die Geistwerdung des Fleisches muss die zweite Michael-Offenbarung sein.*[83]

Interpretation des Christusimpulses durch den Michaelsimpuls

1. Jahrtausend
Im Urbeginne war das Wort
Und das Wort ist Fleisch geworden
Und hat unter uns gewohnet

2. Jahrtausend:
Und das Menschenfleisch muss wiederum
Durchgeistigt werden, damit es fähig werde,
Im Reiche des Wortes zu wohnen,
Um zu schauen die göttlichen Geheimnisse.

Die Menschensprache als Mikrologos zu pflegen, ist dementsprechend Aufgabenstellung der Gegenwart und muss «erkannt und beherzigt» werden: *Heute ist auch das Wort da, und das Wort ist beim Menschen! Und ein Menschliches ist das Wort!* [84] Pflegen wir also dieses und gehen wir verantwortungsvoll mit unserer Sprachfähigkeit um, in der «die Christuskraft beschützend und fördernd lebt, denn: Der Christus lebt in der Wortbegabung des Menschen.[85] Dann wird die zunehmende Intellektualisierung und Materialisierung unserer Gedanken und Handlungen überwunden werden können. Der Drachenkampf der Gegenwart bedarf nicht des Speeres, sondern des sprachkünstlerisch gestalteten und von der Christuskraft wiederbelebten Wortes. Das ist es, *was die Geisteswissenschaft in Bezug auf die Sprache zu leisten hat*, und deshalb *wird ihre Entwicklung immer verbunden sein mit dem, was wir Fortbildung des inneren Sinnes und der inneren Gestaltungskraft unserer Sprache nennen können.*[86]

Das sprachliche Leben in der Ätherwelt der Auferstehungskräfte

Und so haben wir, wie gesagt, etwas wie ein Vermächtnis derjenigen Zeiten, in denen die Sprache noch Mysterieninhalt war: Im Sprechen ist die Auferstehung des in der Gebärde verschwundenen Menschen.[87]

Im Allgemeinen wird die menschliche Sprache als Sinn- und Begriffsträger mit dem Verstandesdenken und deshalb mit den abbauenden Kräften in Verbindung gebracht. Im anthroposophischen Kontext ist sie jedoch im Sinne der vorangegangenen Darstellungen eine Mysterienkunst, die dadurch, dass der Mensch sein Urständen im Wortwesen und die daraus resultierende Aufgabenstellung bewusst ergreift, zu einem modernen, zeitgemäßen Schulungsweg wird, der sich ganz an den sprachkünstlerischen Prozessen orientiert. Die Hinweise und Übungsanleitungen von Marie und Rudolf Steiner sowie die zahlreichen Ausführungen in den verschiedensten Vorträgen und Schriften zeigen, dass es sich neben den bisher beschriebenen Intentionen zugleich um einen Schulungsweg handelt, der die alten Sonnenmysterien mit dem Mysterium von Golgatha verbindet.

Voraussetzung für eine dementsprechende Umwandlung unserer Alltagssprache ist die Selbstlosigkeit auf allen Gebieten der persönlichen Seelenkräfte, damit das Wortwesen sich in seiner wahren kosmischen Größe offenbaren kann:

Wir müssen die Kräfte der Laute als Flügelschläge empfinden, die – unabhängig von uns – uns willig in den Kosmos hinaustragen. Ein schwerer Weg, denn wir müssen den Geist von den subjektiven Seelenkräften lösen, vom Empfindungs-

gemäßen wie vom Intellektuellen ... Unser eigenes Inneres müssen wir hinaustragen und ihm nachgehen.[88]

Diese Worte aus einem Aufsatz Marie Steiners beschreiben die eigentliche Aufgabenstellung des sprachlichen Schwellenübertrittes sehr anschaulich. Wir finden eine Entsprechung auf anderer Ebene in einem Vortrag Rudolf Steiners:

> *Dreimal hat der Christus des Menschen Sinnes-, Lebens- und Gemütsorgane selbstlos gemacht. Jetzt ist es an dem Menschen, selbstlos zu werden in intellektueller und moralischer Beziehung dadurch, dass er für dieses intellektuelle und moralische Leben verstehen lernt das Wort: Nicht ich, der Christus in mir. Das wird die Welt erkennen, dass das was wir als Geisteswissenschaft verkündigen, das Wort Christi ist.*[89]

Für den sprachkünstlerischen Schulungsweg ergeben sich daraus einige grundsätzliche Bedingungen:

1. Das Opfern des eigenen Denkens (Eigensinn), Fühlens (Subjektivität) und Wollens (Eigenwilligkeit): Nicht ich, sondern das Wortwesen.

2. Die Hingabe an die göttlichen Lehrmeister und der Wille, sich von ihnen unterrichten zu lassen, indem wir die jeweiligen Sprechzonen (wenn man so will: die Unterrichtsräume der Laut-Lehrer) bewusst aufsuchen.

3. Die Stimme nicht länger nur als Ausdruck der eigenen Persönlichkeit erleben, sondern den Sprachgeist auf dem Instrument des Kehlkopfes musizieren lassen.

Stimme ist befreiter Wille. Dadurch wird Ahriman überwunden.

4. Die (ehemals luziferische) Atmung nach dem Wort ausrichten und von ihm verwandeln lassen.

5. Bewusst über die Schwelle des Mundes treten und mit dem Geist der Luft, dem Sprachgeist, kommunizieren. Im Nichts (der Luft) das All finden. Die Luft als Element von Liebe und Brüderlichkeit[90] wahrnehmen lernen, sodass

6. durch den Sprach-Impuls, der in dem vom Ich modifizierten Astralleib stattfindet, die Sphäre des Geistselbsts vorbereitet wird.

7. Den Weg des Wortes im Sprechen nachgestalten, das Sterben des Selbsts nicht scheuen und im Bereich der sich ständig erneuernden Ätherkräfte der Auferstehung zu einem verwandelten Sprechen und Menschsein finden.

Das ist aber, was heute gesucht werden muss, erstrebt, erobert, Schritt für Schritt muss man es sich ertasten, erhören, erfühlen – bis man intellektualistische Grenzen sprengt, Hindernisse der Materie aus dem Weg räumt, Enge überwindet und sich draußen findet auf der anderen Seite, befreit und erlöst.[91]

In dem folgenden Text wird sehr konkret beschrieben, wie sich, wenn wir uns mit der Sprachgeistigkeit durchdringen, ein Wechsel von der physischen auf die ätherische Ebene vollzieht, also ein bewusster Schwellenübertritt initiiert wird. Der Spruch wurde 1923 von Rudolf Steiner an die Ärztin Ita Wegman gegeben:[92]

Was ich spreche von meinem physischen Leib aus, ist Schein. –
Ich muss sprechen von meinem Ätherleib aus,
zu dringen in die wahre Wirklichkeit:

1. Ihr Geister unter der Erde drücket auf meine Fußsohlen.
Ich schreite über euch hinweg.

2. Ihr Geister der Feuchtigkeit streichelt meine Haut.
Ich drücke euch nach allen Seiten.

3. Ihr Geister der Luft füllet mein Inneres an.
Ich verbinde mich mit euch.

4. Ihr Geister der Wärme beseelt mein Inneres.
Ich lebe in euch.

5. Ihr Geister des Lichtes durchgeistet mein Inneres.
Ich denke mit euch.

6. Ihr Geister der (chemischen) Kräfte lähmet meine Kräfte.
Ich will euch überwinden.

7. Ihr Geister des Lebens tötet mein Leben.
Ich erwarte euch im Tode.

So bin ich, dies sagend, im Ätherleibe.
Und ihr könnt kommen: Farben, Töne, Worte
Der ätherischen Welt.

Im ersten Satz erfahren wir bereits, dass der physische Anteil des Sprechens überwunden werden muss, um dieses wieder mit den schöpferischen Sprachkräften zu verbinden. Das «Sprechen vom physischen Leib aus» umfasst sowohl eine automatische Mechanik der Lautbildung als auch die Konzentration auf begriffliche Inhalte und Informationen. Um auf eine neue Ebene zu gelangen, werden durch Anrufung verschiedener geistiger Wesenheiten die Naturgesetze gewissermaßen außer Kraft gesetzt und von Rudolf Steiner durch die sprachkünstlerischen Wirkprinzipien ersetzt. In sieben Stufen, die durch die Elemente, Wesensglieder und Ätherarten führen, wird ein Schulungsweg entwickelt, der den Sprechenden in klar definierten Stufen über die Schwelle führt.

Statt, wie gewohnt, mit jedem Schritt auf der Erde der Schwerkraft zu folgen, wird diese beim Sprechen durch Silbenschritt (Versfuß, Satzdurchlaufen) überwunden. In dieser ersten Zeile lernt der Mensch, auf dem Boden der Luft zu laufen, und erfährt, wie er von dieser getragen wird.

Auf der nun folgenden Ebene geht es um den mit unserem Leib verbundenen Flüssigkeits-Organismus. Sprechen vollzieht sich im Milieu der Mundschleimhaut, der durchfeuchteten Ausatmung und der uns umgebenden Luft. Es gilt jetzt zu spüren, wie beim konsonantischen Sprechen das Fließende durch die Sprache plastiziert und gestaltet wird.

Der Geist der Luft, der Sprachgeist, wird danach bewusst in die Organisation des Leibes aufgenommen, mit allen bereits erwähnten Konsequenzen einer sprachorientierten Einatmung. Jetzt ist es nicht mehr der Lufthunger des Astralleibes, der uns atmen lässt, sondern der Sprachimpuls.

Die menschliche Sprache ist ganz mit dem Ich verbunden

und nur durch dieses möglich. Es zieht über die Lunge, also über die Einatmung, in unseren Organismus und unser Blut ein und lebt ganz in der Wärme. Aus diesem Wärmewesen unseres Blutes geht auch die Stimme hervor, welche die kosmischen Feuerkräfte in uns widerspiegelt. In dieser vierten und somit mittleren Stufe erfahren wir, dass sich das wirkliche Leben unserer Seele erst auf dieser höheren, vom Ich durchzogenen Stufe entfalten kann: *Sie müssen sich auch als heutiger Mensch von der Erde herausheben in die Luft, damit Sie leben können.*[93]

In einem weiteren Schritt werden die Geister des Lichtes angerufen, die uns die Weltgedanken zutragen. Der Mensch kann nun, wie es ursprünglich vor dem Sündenfall vorgesehen war, wiederum in und mit den Sprachbewegungen und Lautformen zu einem neuen und ganzheitlichen Denken finden, indem er sich dem Lichtäther anvertraut. Luft, Licht und Wärme werden hier nicht mehr als den Menschen umgebende Elemente wahrgenommen, sondern wirken im Inneren. Also auch hier ein Wechsel der Ebenen.

Nun werden die Vitalitätskräfte zurückgedrängt, da sie den Menschen an das Leben im physischen Leib binden. Nur so kann das, was unseren Organismus als Lebenskraft auf Erden durchpulst, zu einem von allen irdischen Bedürfnissen befreiten Sprachgestalten werden.

Wenn der Sprechende sich in den bisherigen sechs Schritten seiner an die materielle Welt gebundenen Gewohnheiten entledigt, die elementaren Gesetzmäßigkeiten überwunden und aus freiem Willen das erdgebundene Denken, Fühlen und Wollen geopfert hat, ist er vorbereitet für ein Leben jenseits der Schwelle des Mundes. Das alltägliche Bewusstsein, mit dem wir im Leib verbunden sind, geht durch eine Art Todesprozess hindurch, wenn der Sprechende den Worten in das vermeintliche Nichts der Luft bewusst zu folgen vermag.

Im gewöhnlichen Sprechen sondern wir die Sprache von uns ab und bleiben unverwandelt hinter ihr zurück, ohne dass sich die Verbindungen mit unserem Leib wesentlich verändern. In dem hier angeregten Schulungsweg lernt der Mensch, im gesamten Sprachprozess bewusst und willentlich anwesend zu bleiben und die Geheimnisse vom «Fleisch, das wieder Wort wird» im Sprechatem nachzuvollziehen: Das Wort, das einst unsere physischen, ätherischen und astralischen Hüllen gebildet hat, wird aus diesen wieder befreit, indem sich die sprachlichen Lautformen und Klangfarben für einen kurzen Augenblick wesenhaft verdichten und eine zarte neue Leiblichkeit bilden, die wir mit unserem Atem beseelen und mit unserer im Ich gegründeten Stimme durchwärmen. Der so Sprechende lebt nun in den Ätherwelten des Wortes, in den Auferstehungskräften, und bereitet durch Umwandlung seiner Wesensglieder den zukünftigen Menschen vor. Die Thematik von Tod und Auferstehung durchzieht den gesamten Sprachprozess: Die Begrifflichkeit verschwindet unmittelbar hinein in die Bewegungen der Sprachmuskulatur. Wir verlassen das Ererbte, Übernommene und Gewordene und gestalten an einem zukünftigen Menschensein. Mit den Lauten plastizieren wir die verbrauchte, an sich tote Ausatmungsluft, die von den Lautformen und Sprachklängen neu belebt und beseelt wird. Jenseits unserer physischen Leibesgrenze erfahren wir so ein neues Dasein im Wort. Dieses führt zu einem vertieften inneren Zusammenhang des Sprechenden mit dem Satz der Rosenkreuzer: «In dem Christus wird leben der Tod.»

Im Blut- (Stimme, Ausatmung) und Nervengeschehen

(Konsonantenbildung, Einatmung) haben diese eng mit dem Mysterium von Golgatha verknüpften sprachlichen Vorgänge ihren physiologischen Hintergrund.[94]

Im Meditationsspruch für Sprachkünstler und Schauspieler, den Rudolf Steiner im Dramatischen Kurs entwickelt hat, finden sich ähnliche Hinweise:

> *In der Gebärde lebt der Mensch. Der Mensch selbst ist da in der Gebärde. Die Gebärde verschwindet hinein in die Sprache. Wird das Wort intoniert, dann erscheint der Mensch wiederum; der gebärdenbildende Mensch erscheint im Worte wieder. Und in dem, was der Mensch spricht, finden wir den ganzen Menschen. Aber wir müssen die Sprache zu gestalten wissen. Und so haben wir, wie gesagt, etwas wie ein Vermächtnis derjenigen Zeiten, in denen die Sprache noch Mysterieninhalt war: Im Sprechen ist die Auferstehung des in der Gebärde verschwundenen Menschen.*[95]

Aus dem Sprachimpuls Rudolf Steiners ergibt sich somit ein wesentlicher, an der christlichen Esoterik orientierter Schulungsweg, der dem Anliegen der Klassenstunden entspricht. Die Durchdringung des menschlichen Atems mit dem Geist der Sprache bereitet einen Entwicklungsweg der Menschheit vor, der bis zur Wortwerdung des Fleisches, zur Verwandlung in Atman, den Geistesmenschen, führen wird. Er leitet über die sprachkünstlerischen Prozesse eine schrittweise Vergeistigung des Menschen ein und ist eng verknüpft mit den alten Mysterien von Hybernia und Ephesus, in denen die Welten- und Menschengeheimnisse als Logos-Mysterien aufleuchteten. Noch im Hinblicken auf die Flammen des ersten Goetheanums forderte Rudolf Steiner die Menschen auf:

… zu ergründen im Mikrokosmos den Mikrologos, damit der Mensch Verständnis gewinne für dasjenige, woraus er seinem Wesen nach selber ist: für den Makrokosmos durch den Makrologos.[96]

Auf einen Blick

Im Sprachprozess sind die Mysterien von Tod und Auferstehung immer anwesend: Der Mensch tritt beim Sprechen über die Schwelle des Mundes und gestaltet in der verbrauchten Ausatmungs-Luft ein neues Leben in den Auferstehungskräften des Wortwesens. Dafür braucht es ein Opfern der subjektiven Seelenkräfte und eine Überwindung der physischen Gesetzmäßigkeiten.

In einem Spruch, den Rudolf Steiner an Ita Wegman gegeben hat, findet sich eine detaillierte Anleitung, wie der Sprechende in sieben Stufen die physische Ebene verlassen und bewusst in die Welt des Ätherischen eintreten kann. Die natürlichen Bindungen werden durch sprachliche Wirkprinzipien ersetzt, die elementare Welt, die Wesensglieder und Ätherarten dabei berücksichtigt. Hieraus ergibt sich ein zeitgemäßer anthroposophischer Schulungsweg, der in der christlichen Esoterik seine Wurzeln hat und über den Sprechatem die Vergeistigung des Menschen einleitet:

1. Erde (Physis) = Schwere ⇨ Silbenschritt auf der Luft = Leichte

2. Wasser (Ätherleib) = Flüssiges ⇨ wird von den Lauten plastiziert

3. Luft (Astralleib) ⇨ wird zusammen mit dem Sprachgeist eingeatmet

4. Wärme (Ich) ⇨ wird neue Lebensebene

5. Licht (-Äther) ⇨ beleuchtet nicht länger nur die Außenwelt, sondern schließt das Verstandes-Denken an die Weltgedanken an (⇨ Geistselbst)

6. Chemischer Äther ⇨ wird nicht für die Vitalprozesse genutzt, sondern für die sprachlichen Bildeprozesse = neue Lebensstufe (⇨ Lebensgeist)

7. Lebens-Äther ⇨ Leben in den erneuerten Ätherkräften der Auferstehung («In dem Christus wird leben der Tod» ⇨ Geistesmensch)

In der Meditation, die Rudolf Steiner für die Sprachkunst gegeben hat, wird diese Thematik zusammengefasst: *Im Sprechen ist die Auferstehung des in der Gebärde verschwundenen Menschen.*

Abschließende Fragen und Betrachtungen

Und wenn wir nicht wieder den Weg zurück finden auf diesem Gebiet, dann wird der Mensch schon durch die Sprache sich immer mehr mit ahrimanischen Mächten durchdringen.[97]

Wohl kein anderer Themenbereich wurde von Rudolf Steiner in einer so übergeordneten und allgemeingültigen Weise angesprochen und in geisteswissenschaftliche und menschenkundliche Zusammenhänge gebracht wie die Sprachkunst. Klare Hinweise über deren Bedeutung sowie ernste Mahnungen durchziehen die verschiedenen Vorträge und Schriften wie ein roter Faden, der auf ein sprachkünstlerisches Verständnis und die Notwendigkeit einer dementsprechenden Pflege und Förderung von Sprechen und Sprache aufmerksam machen will. Als Beispiele seien hier nur die Gebiete der Pädagogik und Menschenkunde, der Eröffnungsvortrag zur Weihnachtstagung, der erste Hochschulkurs, die im Zyklus Rezitation und Deklamation zusammengefassten Mitgliedervorträge, der Lauteurythmie- und «Rednerkurs», die Kunstvorträge und auch die Vorträge für die Priester der Christengemeinschaft genannt. Die Aufforderungen, die Sprachkunst ernst zu nehmen und sich den geisteswissenschaftlichen Inhalten mit sprachkünstlerischer Empfindung zu nähern, finden sich fast ausschließlich in den allgemeinen Mitgliedervorträgen, die sich zum Teil ganz der Sprache und ihrer künstlerischen Bedeutung zuwenden. Auch die Sprechübungen wurden in zahlreichen Kursen regelmäßig verschiedenen Berufsgruppen vermittelt.

Fassen wir einige der wesentlichen Aspekte noch einmal zusammen:

- Die Pflege und Förderung einer spirituell fundierten Sprachkunst gehört zu den Grundbedingungen der Anthroposophie und ist von entscheidender Bedeutung für die Entwicklung der Geisteswissenschaft und der Menschheit.

- Jeder, dem eine zeitgemäße Entwicklung der Geisteswissenschaft am Herzen liegt, ist aufgerufen, sich einen sprachkünstlerischen Sinn und eine entsprechende Befähigung zu erarbeiten.

- Ein künstlerischer, nach geisteswissenschaftlichen Gesichtspunkten ausgerichteter Umgang mit dem Wort ist ein unverzichtbares Gegengewicht zur zunehmenden Materialisierung und Intellektualisierung über die Sprache. Denn diese ist es, aus der unsere Gedanken hervorgehen und geprägt werden: *Der Mensch kann so dazu kommen, recht zu verstehen, wie sein Geist ein ›Geschöpf des Sprachgeistes‹ ist.*[98]

- Geschriebene oder vorgetragene spirituelle Inhalte wurden von Rudolf Steiner selbst durchgängig nach sprachkünstlerischen Gesetzmäßigkeiten gestaltet. Ohne ein aktives Mitgestalten und Mitfühlen dieser Gesetzmäßigkeiten können die geisteswissenschaftlichen Zusammenhänge nicht vollständig erfasst oder wiedergegeben werden. Sie sollen sich über die sprachkünstlerischen Wirkprinzipien und vor allem über die Sprechwerkzeuge im ganzen, sprechenden oder zuhörenden, Menschen bis in den Leib hinein offenbaren.

- Vorträge und freie Rede brauchen eine sprachkünstlerische Schulung, sonst drohen Abstraktion und Pedanterie.

- Der Übungsweg der Sprachgestaltung entspricht einer allgemeingültigen plastisch-musikalischen Menschenkunde.

- Die Pflege des Mikrologos verbindet den Menschen wieder mit seinem Ursprung im Makrologos.

- Der Sprachkünstler im Menschen ist die Christuskraft, die mit den Laut-Göttern des Tierkreis- und Planetensystems den Menschen als sprachliches Kunstwerk erschaffen hat und wesenhaft in den sprachbildenden Prozessen im Menschen lebt.

- Aus dem Sprachimpuls Rudolf Steiners ergibt sich ein zeitgemäßer Schulungsweg, der durch einen bewussten Schwellenübertritt in die Ätherwelt der Auferstehungskräfte führt. Dieser Weg urständet in der christlichen Esoterik und entspricht der zweiten Michael-Offenbarung, indem er die «Wortwerdung des Fleisches», den Geistesmenschen, vorbereitet.

Es kann nicht übersehen werden, dass es sich hier um ein zentrales Anliegen Rudolf Steiners handelt und er selbst unermüdlich versucht hat, dieses in seinen eigenen Werken umzusetzen. Die Thematik steht in einem direkten Zusammenhang mit der Geisteswissenschaft. Daraus ergibt sich die Frage, ob der Sprachimpuls Rudolf Steiners ursprünglich überhaupt auf die Berufe der Sprachgestaltung und der Schauspielkunst reduziert werden sollte oder nicht ein gänzlich anderer Stellenwert im anthroposophischen Kontext vorgesehen war. Es ist doch unwahrscheinlich, dass von den wenigen Menschen, die diesen seltenen Beruf gewählt haben, die Zukunft der anthroposophischen Bewegung oder gar die menschliche Entwicklung abhängen sollte. Einleuchtender ist es, dass Menschen in anthroposophischer Sprachgestaltung und Bühnenkunst ausgebildet werden sollten, um in öffentlichen Veranstaltungen durch ihr Können ein neues Sprechen und Hören anzuregen und als Vorbilder und Lehrende dem Wort den Weg zu bahnen.

Von der Sprachgestaltung zu lernen und sich immer wieder aufs Neue in die sprachkünstlerischen Gesetze einzuarbeiten, war zu Lebzeiten Rudolf Steiners durchaus üblich und für die Persönlichkeitsbildung und den jeweiligen Beruf stets eine große Bereicherung. Auf diese Weise hätten sich immer mehr Menschen einen sprachkünstlerischen Sinn erarbeiten können, was wiederum mit einem erweiterten Verständnis der geisteswissenschaftlichen Inhalte einher gegangen wäre.

Schauen wir hin auf die Entwicklung der letzten Jahrzehnte, so können wir uns fragen, ob es uns gelungen ist, *die Sprachkunst in ihrer vollen Bedeutung wieder aufleben zu lassen*, was von Rudolf Steiner doch als eine «Erprobung der Anthroposophie» gesehen wurde. Sind nicht vielmehr die so wesentlichen Sprachimpulse des Geistesforschers kontinuierlich von den allgemeinen anthroposophischen Intentionen separiert und die Verwirklichung dieser bedeutsamen Aufgabe einer immer kleiner werdenden Gruppe von Sprachgestaltern überlassen worden, obwohl Rudolf Steiner gerade dieses Anliegen deutlich in einen übergeordneten, für die ganze Gesellschaft gültigen Zusammenhang gebracht hat?

Diese Haltung hat unter anderem zu einem dramatischen Stellenabbau an den Waldorfschulen geführt, was in Zeiten zunehmender Digitalisierung und fehlender Vorbilder durch die Berufstätigkeit beider Elternteile mehr als bedenklich ist. Ebenso haben die Ausbildungsmöglichkeiten zum anthroposophischen Sprachgestalter oder Bühnenkünstler, besonders im deutschsprachigen Raum, gravierend abgenommen und mussten zugleich immer öfter den staatlichen Vorgaben angepasst werden.

Kann so einem Mysterien-Impuls entsprochen werden? Aus dem «Haus des Wortes», dem Goetheanum, wurde die Sprachkunst als Ausbildungszweig ausgegliedert. Wie auch in den Waldorfschulen inzwischen üblich, werden auch dort immer häufiger externe Mitarbeiter für die jeweiligen Projekte hinzugebeten, oft ohne dass sie eine anthroposophische künstlerische Ausbildung durchlaufen haben. Übersehen wird dabei, dass es nur durch ein umfassendes Verständnis der geisteswissenschaftlichen Zusammenhänge von Sprache und Logos-Mysterien und den daraus hervorgehenden menschenkundlichen Bezügen möglich ist, dem Sprachimpuls Rudolf Steiners gerecht zu werden. Man sollte nicht glauben, *wenn man da oder dort irgendeinen Fetzen von dem, was nun gut oder sogar besser in anderen ähnlichen Formationen da ist, hineinführt, so käme etwas Besseres heraus.*[99]

Die Schwierigkeiten, mit der Sprachgestaltung in rechter Weise umzugehen, liegen auf der Hand. In intimster Weise ist unser Sprechen mit uns und unserem Identitätsgefühl verbunden, deshalb reagieren wir verletzt auf Korrekturen und irritiert auf Veränderungen. Zudem glaubt jeder Mensch, sprechen zu können, und das unterscheidet bereits die Sprache von allen anderen Künsten: Sie begleitet uns in großer Treue bis in unser alleralltäglichstes Leben hier auf der Erde. Von uns völlig unbeachtet, lässt sie sich knebeln, ächten, kreuzigen …

Es ist für uns selbstverständlich, sprechen, lesen, schreiben und auch verstehen zu können. Das alles geschieht meistens ganz unreflektiert. Dass dieses Alltagssprechen noch selbstisch und egoistisch ist,[100] solange es nicht vom Ich ergriffen und verwandelt wurde, wird gerne übersehen. Ebenso sind wir beim Hören ohne die entsprechende Schulung immer wieder unserem subjektiven Seelenteil ausgeliefert. Wir beurteilen schnell das Gehörte nach Inhalt, Eloquenz und oft auch nach Sympathie und Antipathie für die Sprechenden, ohne uns bewusst zu machen, dass allein das Bemühen um diesen kostbaren geisteswissenschaftlichen Impuls bereits der erste Schritt in die Menschheitszukunft ist.

Da das sprachkünstlerische Bestreben immer häufiger mit der Alltagssprache verglichen und oft einer intellektuellen Gedankenstruktur angepasst wird, erscheint das Ringen um ein lebendiges und dem Wesen des Wortes gemäßes Sprechen manchen Menschen als widernatürlich und nicht zeitgemäß. Rudolf Steiner war jedoch immer seiner Zeit weit voraus, und was uns heute unmodern erscheinen mag, wird einst wegweisend für alle weiteren Entwicklungen sein. Es ist die Frage, ob wir die Ungeistigkeit unserer Zeit bedienen wollen oder ob wir bereit sind, an der Zukunft der Sprachkunst, so wie sie von Rudolf Steiner inauguriert wurde, mitzuwirken und sie als einen wesentlichen Kulturfaktor der Menschheit anzuerkennen. Liegt hier nicht seit Jahrzehnten ein wesentliches und zeitennotwendiges Forschungsgebiet brach, das der eigentlichen Aufgabe im ›Haus des Wortes‹ entspräche und das seinem

Namen und der Aussage Rudolf Steiners, dass die Aufgabe der Geisteswissenschaft es sei, das Christus-Wort in die Welt zu tragen, eine ganz neue Dimension geben würde?[101]

Alle Künste sind vom Weltenwort ausgegangen und alle werden wieder in dieses einmünden. Das Gleiche gilt für die ganze Schöpfung und den Menschen. Wie lange soll dieser Zentralgedanke der Anthroposophie noch relativiert oder ignoriert werden? Es braucht einen michaelischen Erkenntnismut, um sich die entsprechenden Zusammenhänge immer wieder vor die Seele zu stellen und dementsprechend zu handeln.

Mögen in diesem Sinne die letzten öffentlich gesprochenen Worte, die Rudolf Steiner in unsere Verantwortung gegeben hat, uns anregen, dem Sprachkünstler in uns zu folgen, um zu einem neuen Anthroposophie-Verständnis zu gelangen und «des Geistesmenschen Weltenzeit» vorzubereiten:

... Ihr, der Geist-Erkenntnis Schüler,
Nehmet Michaels weises Winken,
Nehmt des Welten-Willens Liebe-Wort
In der Seelen Höhenziele wirksam auf.[102]

Zusammenfassung einiger Hinweise Rudolf Steiners für die Entwicklung eines sprachkünstlerischen Sinnes

Wer das Wort gestalten will, braucht eine gebetsartige, eine religiöse Stimmung der Hingabe an die götterhaften Wesenheiten, welche in den Lauten vorliegen, und muss bereit sein, von den Lauten, ‹den göttlichen Lehrmeistern›, zu lernen.[103]

Das eigene Sprechen wahrnehmen und spüren, wie ein Künstler in uns die Sprache formt.[104] Sich einfühlen in die Zusammenhänge zwischen den Sprechzonen, den Wesensgliedern und den Seelenkräften. Die Inhalte in den lautlichen Entsprechungen mitempfinden.

> *Dazu ist aber allerdings notwendig, dass man nun gewissermaßen das, was Sprachbeherrschung sein soll, bis zum Instinkt gebracht hat, dass man also tatsächlich die Sprachorgane so fühlt, wie man etwa den Hammer fühlen würde, wenn man irgendetwas mit dem Hammer machen wollte.*

> *Es liegt eben in dem Erleben des Wortes etwas Schöpferisches mit Bezug auf den inneren Menschen. Das sollte niemals außer Acht gelassen werden. Das ist außerordentlich wichtig. Es sollte uns überhaupt durchaus die Empfindung beherrschen, wie das Wort, die Wortfolge, die Wortgestaltung, die Satzgestaltung, wie die so zusammenhängen mit unserer ganzen Organisation.*

Die Sprache ist abstrakt geworden. Sie ist wie die dahinfließenden Gedanken selber. Bis in den Laut hinein soll die Unterschiedlichkeit der Begriffe wahrgenommen werden:

> *In jedem einzelnen Wort ist es möglich, ein Bild, eine Imagination zu schauen.*

> *Man soll also auf den Organismus der Sprache und ihren Genius immerhin Wert legen. Das ist bildschöpferisch.*

Erleben des Lautlichen, des Bildhaften in der Sprachformung selbst, «das lockt aus der Seele auch die Gedanken, die wir brauchen für die Zuhörer».

Mit dem Wort charakterisieren, nicht definieren. Worte von allen Seiten beschreiben lassen. *Der Form den Schein des Unendlichen geben.*

> *Denn ob wir in der richtigen Weise etwas an die Menschen heranbringen, das hängt durchaus davon ab, wie wir in der Lage sind, uns zur Sprache selbst zu verhalten ... Man soll schon die instinktive Begabung entwickeln: nicht Silben, nicht Silben-Formen, nicht Silben-Gestaltungen zu verschlucken.*

> *Man muss nur bedenken, dass das Künstlerische eben ein Mittel der Verständigung ist.*

Was du für das geistige Leben zu sagen hast, muss in dir eine Art lyrischen Charakter haben. (Das heißt, die Sprache an den Lippen anzusetzen. Für das Rechtsleben gilt der dramatische Ansatz an den Zähnen, für das Wirtschaftsleben der Gaumenansatz der Epik.)

> *Wir müssen über die Rhetorik und Logik hinaus eine wirkliche Ethik des Sprechens lernen. Aus dem Lebenszusammenhang sprechen. Nicht die Entsprechung zwischen Wortzusammenhang, Gedanke und Empfindung. Losreißen von der Adäquatheit! Denn sie kann adäquat sein nur dem Materiellen! Für das Spirituelle im Sinne der heutigen Entwicklungsepoche der Menschheit müssen wir die Sprache freibekommen!*

Eines braucht man noch zum Reden außer all den Dingen, die ich schon erwähnt habe: Verantwortlichkeit. Das heißt: man soll fühlen, dass man kein Recht hat, all seine Sprach-Ungezogenheiten auskramen zu dürfen vor einem Publikum. Man soll fühlen lernen, dass man zum öffentlichen Auftreten Spracherziehung, ein Herausgehen aus sich selbst und ein Plastizieren in Bezug auf die Sprache nötig hat. Verantwortlichkeit gegenüber der Sprache.[105]

Die Menschheit wird sich wiederum zurückfinden müssen zu der Durchdringung des ganzen Sprachlichen mit Idealismus, wenn sie nicht den Weg in die geistige Welt verlieren will.[106]

Dank

Dieses Buch verdankt seine Entstehung einer Frage.

So gilt der erste Dank meiner lieben Kollegin M. H. aus Zürich, die im Rahmen der regelmäßig dort stattfindenden «Lyrik-Seminare» als Erste die Frage nach der Sprache Rudolf Steiners gestellt hat. Das Thema hat drei Seminare gefüllt, entsprechende Rezitationen ermöglicht und schließlich zu diesem Buch geführt.

Weiter geht ein großer Dank an die *Vereinigung zur Förderung von Sprachkunst und Gestik*, ebenfalls in Zürich, die seit Jahrzehnten in beispielhafter Weise den Sprachimpuls Rudolf Steiners unter umfassenden Aspekten pflegt und fördert und deren Mitglieder mit ihrem großzügigen und liebevollen Engagement unsere Arbeit an und mit der Sprachkunst wesentlich unterstützen.

Den Teilnehmern unserer dortigen Seminare ebenfalls von Herzen Dank für die jahrelange Treue!

Wer mehr über den Sprachkünstler im Menschen erfahren möchte oder an einer Lesart unter sprachkünstlerischen Gesichtspunkten interessiert ist, kann unter folgender Adresse eine Rezitation mit Einführung zum Thema, Seminare oder Vorträge buchen: Barbara Ziegler-Denjean und Dietmar R. Ziegler: sprachkunstliebenzell@web.de

Endnoten

1 Steiner, Rudolf: Metamorphosen des Seelenlebens – Pfade der Seelenerlebnisse II, GA 59, 2017, S. 37 (Vortrag 20.01.1910).

2 Vgl. Rudolf Steiner: Das Johannes-Evangelium, GA 103, 1995, S. 24 und 38 (Vortrag 18. und 19.05.1908).

3 Vgl. Rudolf Steiner: Metamorphosen des Seelenlebens-Pfade der Seelenerlebnisse II, GA 59, 2017, S. 34 und 37 (Vortrag 20.01.1910)

4 Ebd., S. 37.

5 Steiner, Rudolf: Das Johannes-Evangelium, GA 103, 1995, S. 41 (Vortrag 19.05.1908).

6 Vgl. Rudolf Steiner: Metamorphosen des Seelenlebens – Pfade der Seelenerlebnisse II, GA 59, 2017, S. 38 und 39 (Vortrag 20.01.1910).

7 Ebd., S. 39 und 40.

8 Steiner, Rudolf: Sprachgestaltung und Dramatische Kunst, GA 282, 1981, S. 95 (Vortrag 07.09.1924).

9 Steiner, Rudolf: Mysteriengestaltungen, GA 232, 1998, S. 101 (Vortrag 01.12.1923).

10 Steiner, Rudolf: Die Konstitution der Allgemeinen Anthroposophischen Gesellschaft und der Freien Hochschule für Geisteswissenschaft, GA 260a, 1987, S. 349, Juli 1924.

11 Steiner, Rudolf: Weltenwunder, Seelenprüfungen und Geistesoffenbarungen, GA 129, 1995, S. 18 (Vortrag 18.08.1911).

12 Steiner, Rudolf: Anthroposophie, soziale Dreigliederung und Redekunst, GA 339, 1984, S. 41 (Vortrag 15.10.1921).

13 Vgl. Rudolf Steiner: Metamorphosen des Seelenlebens – Pfade der Seelenerlebnisse II, 2017, S. 19 und 20 (Vortrag 20.01.1910).

14 Ebd., S. 23, 24, 34 und 38.

15 Ebd., S 38.

16 Ebd. S. 38 und 39.

17 Steiner, Rudolf: Die Geheimwissenschaft im Umriss, GA 13, 2021, S. 50 und 51.

18 Steiner, Rudolf: Metamorphosen des Seelenlebens – Pfade der Seelenerlebnisse II, 2017, S. 38 (Vortrag 20.01.1910).

19 Steiner, Rudolf: Sprachgestaltung und Dramatische Kunst, GA 282, 1981, S. 95 (Vortrag 07.09.1924).

20 Morgenstern, Christian: Wir fanden einen Pfad, Zbinden Verlag Basel, 1973. Sämtliche Dichtungen, Band 11, S. 9.

21 Steiner, Rudolf: Nordische und mitteleuropäische Geistimpulse, GA 209, 1982, S. 107 (Vortrag 18.12.1921).

22 Steiner, Rudolf: Geistige Hierarchien und ihre Widerspiegelung in der physischen Welt, GA 110, 2023, S. 185 (Fragenbeantwortung 22.04.1909).

23 Steiner, Rudolf: Anthroposophie, soziale Dreigliederung und Redekunst, GA 339, 1984, S. 42 (Vortrag 12.10.1921).

24 Steiner, Rudolf: Mein Lebensgang, GA 28, 2000, S. 381.

25 Steiner, Marie: Aus schicksaltragender Zeit, GA 64, 1959, S. 12 (Vorrede).

26 Steiner, Rudolf: Der Gotheanumgedanke inmitten der Kulturkrisis der Gegenwart. Gesammelte Aufsätze, GA 36, 2014, S. 297.

27 Vgl. Rudolf Steiner: Anthroposophie, soziale Dreigliederung und Redekunst, GA 280, 1983, S. 170–194 (Vorträge 12. und 15.10.1921).

28 Steiner, Rudolf: Kunst im Lichte der Mysterienweisheit, GA 275, 1990, S. 60 (Vortrag 30.12.1914).

29 Steiner, Rudolf: Vorträge und Kurse über christlich-religiöses Wirken, GA 342, 1993, S. 114 (Vortrag 14.06.1921).

30 Steiner, Rudolf: Kunst und Kunsterkenntnis, GA 271 (Vortrag 28.10.1909).

31 Steiner, Marie: Gesammelte Schriften, Band II: Rudolf Steiner und die redenden Künste, Dornach 1974.

32 Steiner, Rudolf: Metamorphosen des Seelenlebens – Pfade der Seelenerlebnisse II, GA 59, 2017, S. 39 (Vortrag 20.01.1910).

33 Steiner, Rudolf: Die Kunst der Rezitation und Deklamation, GA 281, 1987, S. 138 (Vortrag 29.03.1923).

34 Steiner, Rudolf: Anthroposophie, soziale Dreigliederung und Redekunst, GA 339, 1984, S. 35 (Vortrag 12.10.1921).

35 Steiner, Rudolf: Aus den Inhalten der esoterischen Stunden, Gedächtnisaufzeichnungen von Teilnehmern, GA 266/I, 2007, S. 198 (1904–1909).

36 Steiner, Rudolf: Anthroposophie, soziale Dreigliederung und Redekunst, GA 339, 1984, S. 34 (Vortrag 12.10.1921).

37 Steiner, Rudolf: Kunst und Lebensfragen im Lichte der Geisteswissenschaft, GA 162, 2000, S. 136 (Vortrag 18.07.1915).

38 Ebd.

39 Ebd.

40 Steiner, Rudolf: Wahrspruchworte, GA 40, 2019, S. 140.

41 Steiner, Rudolf: Christus und die geistige Welt, GA 149, 2004, S. 73 (Vortrag 31.12.1913).

42 Steiner, Rudolf: Wahrspruchworte, GA 40, 2019, S. 156 und S. 448.

43 Steiner, Rudolf: Sprachgestaltung und Dramatische Kunst, GA 282, 1981, S. 75 (Vortrag 06.09.1924).

44 Steiner, Rudolf: Die Kunst der Rezitation und Deklamation, GA 281, 1987, S. 11 (Vortrag 29.09.1920).

45 Steiner, Rudolf: Anthroposophie, soziale Dreigliederung und Redekunst, GA 339, 1984, S. 111 (Vortrag 16.10.1921).

46 Steiner, Rudolf: Vier Mysteriendramen, GA 14, 1998.

47 Vgl. Rudolf Steiner ebd., S. 499–504.

48 Steiner, Rudolf: Mein Lebensgang, GA 28, 2000, S. 435 (Kapitel XXXIII).

49 Steiner, Rudolf: Sprachgestaltung und Dramatische Kunst, GA 282, 1981, S. 98 (Vortrag 07.09.1924).

50 Ebd.

51 Steiner, Rudolf: Grenzen der Naturerkenntnis, GA 322, 2020, S. 111 (Vortrag 03.10.1920).

52 Steiner, Rudolf: Die Geheimwissenschaft im Umriss, GA 13, 2021, S. 50.

53 Steiner, Rudolf: Anthroposophie, soziale Dreigliederung und Redekunst, GA 339, 1984, S. 104 (Vortrag 16.09.1921).

54 Vgl. Rudolf Steiner: Theosophie, GA 9, 2013, S. 24–32.

55 Steiner, Rudolf: Theosophie, GA 9, 2013, S. 12 (Vorrede zur dritten Auflage, 1910).

56 Vgl. Rudolf Steiner: Theosophie, GA 9, 2013, S. 29–32.

57 Steiner, Rudolf: Methodische Grundlagen der Anthroposophie, 1884–1901, GA 30, 1989, S. 395.

58 Steiner, Rudolf: Die Geheimwissenschaft im Umriss, GA 13, 2021, S. 21 (Vorbemerkungen zur 4. Auflage).

59 Ebd., S. 214.

60 Ebd., S. 225.

61 Steiner, Rudolf: Vorträge und Kurse über christlich-religiöses Wirken, GA 342, 1993, S. 34 (Vortrag 12.06.1921).

62 Vgl. Rudolf Steiner: Grenzen der Naturerkenntnis, GA 322, 2020, S. 105 (Vortrag 02.10.1920).

63 Steiner, Rudolf: Erziehungskunst. Methodisch-Didaktisches, GA 294, 2019, S. 75 (Vortrag 25.08.1919).

64 Steiner, Rudolf: Über Gesundheit und Krankheit, GA 348, 1997, S. 87 (Vortrag 02.12.1922).

65 Steiner Rudolf: Die Grundimpulse des weltgeschichtlichen Werdens der Menschheit, GA 216, 1988, S. 42 (Vortrag 22.09.1922).

66 Archiv der R. Steiner Nachlassverwaltung, Archivnummer A5633.

67 Steiner, Marie: Sprachgestaltung und Dramatische Kunst, GA 282, 1981, S. 392 (Vorwort zur 1. Auflage, 27.02.1926).

68 Ebd. S. 145.

69 Ebd., S. 363.

70 Steiner, Rudolf: Die Schöpfung der Welt und des Menschen, GA 354, 1999, S. 240 (Vortrag 24.09.1924).

71 Steiner, Rudolf: Methodik und Wesen der Sprachgestaltung, GA 280, 1983, S. 21.

72 Steiner, Rudolf: Sprachgestaltung und Dramatische Kunst, GA 282, 1981, S. 363 (Vortrag 22.09.1924).

73 Steiner, Rudolf: Vorträge und Kurse über christlich-religiöses Wirken. Apokalypse und Priesterwirken, GA 346, 2001, S. 46 (Vortrag 07.09.1924).

74 Ebd., S. 52.

75 Steiner, Rudolf: Methodik und Wesen der Sprachgestaltung, GA 280, 1983, S. 90.

76 Steiner, Rudolf: Das Zusammenwirken von Ärzten und Seelsorgern, GA 318, 2019, S. 82 (Vortrag 18.09.1924).

77 Steiner, Rudolf: Das Initiaten-Bewusstsein, GA 243, 2004, S. 191 (Vortrag 20.08.1924).

78 Steiner, Rudolf: Vorstufen zum Mysterium von Golgatha, GA 152, 2018, S. 165 (Vortrag 01.06.1914).

79 Steiner, Rudolf: Der Goetheanumgedanke inmitten der Kulturkrise der Gegenwart, GA 36, 2014, S. 299 (gesammelte Aufsätze 1921–1925: Sprache und Sprachgeist).

80 Steiner, Rudolf: Vorstufen zum Mysterium von Golgatha, GA 152, 2018, S. 166 (Vortrag 01.06.1914).

81 Steiner, Rudolf: Esoterische Betrachtungen karmischer Zusammenhänge, Band 4, GA 238, 1991, S. 174 (Vortrag 28.09.1924).

82 Steiner, Rudolf: Vorträge und Kurse über christlich-religiöses Zusammenwirken, GA 346, 2001, S. 268 (Vortrag 22.09.1924).

83 Steiner, Rudolf: Die Sendung Michaels, GA 194, 1994, S. 44 (Vortrag 22.11.1919).

84 Steiner, Rudolf: Das Johannes-Evangelium, GA 103, 1995, S. 25 (Vortrag 18.05.1908).

85 Steiner, Rudolf: Vorstufen zum Mysterium von Golgatha, GA 152, 2018, S. 111 (Vortrag 07.03.1914).

86 Steiner, Rudolf: Metamorphosen des Seelenlebens – Pfade der Seelenerlebnisse II, GA 59, 2017, S. 38 und S. 40 (Vortrag 20.01.1910).

87 Steiner, Rudolf: Sprachgestaltung und Dramatische Kunst, GA 282, 1981, S. 90 (Vortrag 06.09.1924).

88 Steiner, Marie: Methodik und Wesen der Sprachgestaltung, GA 280, 1983, S. 10 (Manuskript 1926/27).

89 Steiner, Rudolf: Vorstufen zum Mysterium von Golgatha, GA 152, 2018, S. 165 (Vortrag 01.06.1914).

90 Steiner, Rudolf: Das Johannes-Evangelium, GA 103, 1995, S. 186 (Vortrag 30.05.1908).

91 Steiner, Marie: Die Kunst der Rezitation und Deklamation, GA 281, 1987, S. 58 (Niedergang und Aufbau, eine Sprachbetrachtung).

92 Steiner, Rudolf: Mantrische Sprüche. Seelenübungen II, GA 268, S. 97.

93 Steiner, Rudolf: Über Gesundheit und Krankheit. Grundlagen einer geisteswissenschaftlichen Sinneslehre, GA 348, 1997 (Vortrag 23.12.1922).

94 Steiner, Rudolf: Weltwesen und Ichheit, GA 169, 1998, S. 40–44 (Vortrag 13.06.1916).

95 Steiner, Rudolf: Sprachgestaltung und Dramatische Kunst, GA 282, 1981, S. 90 (Vortrag 06.09.1924).

96 Steiner, Rudolf: Mysteriengestaltungen, GA 232, 1998, S. 102 (Vortrag 02.12.1923).

97 Steiner, Rudolf: Vorträge und Kurse über christlich-religiöses Wirken, GA 346, 2001, S. 52 (Vortrag 07.09.1924).

98 Steiner, Rudolf: Der Goetheanumgedanke inmitten der Kulturkrise der Gegenwart, GA 36, 2014, S. 299 (gesammelte Aufsätze 1921–1925: Sprache und Sprachgeist).

99 Steiner, Rudolf: Die Weihnachtstagung zur Begründung der Allgemeinen Anthroposophischen Gesellschaft 1923/24, GA 260, 1994, S. 47 (Vortrag 24.12.1923).

100 Steiner, Rudolf: Anthroposophie, soziale Dreigliederung und Redekunst, GA 339, 1984, S. 97 (Vortrag 15.10.1921).

101 Steiner, Rudolf: Vorstufen zum Mysterium von Golgatha, GA 152, 2018, S. 165 (Vortrag 01.06.1914).

102 Steiner, Rudolf: Esoterische Betrachtungen karmischer Zusammenhänge, Band 4, GA 238, 1991 (Vortrag 28.09.1924).

103 Steiner, Rudolf: Sprachgestaltung und Dramatische Kunst, GA 282, 1981, S. 363 (Vortrag 22.09.1924)

104 Steiner, Rudolf: Metamorphosen des Seelenlebens – Pfade der Seelenerlebnisse II, GA 59, 2017, S. 34 (Vortrag 20.01.1910).

105 Steiner, Rudolf: Anthroposophie, soziale Dreigliederung und Redekunst, GA 339, 1984, S. 89 (Vortrag 15.10.1921).

106 Steiner, Rudolf: Nordische und mitteleuropäische Geistimpulse, GA 209, 1982, S. 197 (Vortrag 18.12.1921).

Barbara Ziegler-Denjean studierte nach ihrer Ausbildung zur Redakteurin Sprachkunst und Schauspiel bei Wilfried Hammacher in Stuttgart, mit anschließender Weiterbildung in sprachkünstlerischer Therapie bei Christa Slezak-Schindler. Sie arbeitet als Sprach- und Atemtherapeutin, unterrichtet in der Fort- und Ausbildung, hält Vorträge und Seminare und ist Buchautorin. Hinzu kommen regelmäßige künstlerische Aufführungen und verschiedene Veröffentlichungen. Ihre lyrischen Texte erscheinen unter ihrem Geburtsnamen Barbara von Stryk.

Gemeinsam mit ihrem Mann, Dietmar R. Ziegler, bietet die Autorin Rezitationen, Vorträge und Seminare zum Thema des Buches an.